Denk goed – voel je goed

Enkele andere boeken van Uitgeverij Nieuwezijds

ATTWOOD Hulpgids Asperger-syndroom
KUTSCHER Oudergids ADHD
KUTSCHER Kinderen in de syndroommix
BOYD Oudergids Asperger-syndroom
JACKSON Mafkezen en het Asperger-syndroom
HÉNAULT Asperger-syndroom en seksualiteit
VAN DER VELDE Oudergids autisme
VAN DER VELDE Pubergids autisme
WILLIAMS & WRIGHT Hulpgids autisme
KRANOWITZ Uit de pas – omgaan met sensorische integratieproblemen bij kinderen
GREENE Het explosieve kind
HALLOWELL & RATEY Hulpgids ADHD
SHAYWITZ Hulpgids dyslexie

De boeken van Uitgeverij Nieuwezijds zijn verkrijgbaar in de boekhandel.
Zie ook: www.nieuwezijds.nl.

Denk goed – voel je goed

Werkboek cognitieve gedragstherapie
voor kinderen en jongeren

Paul Stallard
Psycholoog, Royal United Hospital, Bath, UK
Hoogleraar jeugd- en gezinspsychiatrie, University of Bath, UK

UITGEVERIJ NIEUWEZIJDS

Oorspronkelijke titel: *Think Good – Feel Good. A Cognitive Behaviour Therapy Workbook for Children and Young People.* West Sussex: John Wiley & Sons, 2002.

Eerste oplage september 2006
Tweede oplage februari 2008
Derde oplage augustus 2009

Uitgegeven door: Uitgeverij Nieuwezijds, Amsterdam
Vertaling: Marijke van der Horst, Switch translations, Tuk
Zetwerk: CeevanWee, Amsterdam
Omslag: Bos & co., Amsterdam
Illustraties Denkspeurder, Voelspriet en Aanpakker: Dave Thompson
Clip art in psycho-educatief materiaal © 2005 Microsoft

Copyright © 2002, 2006, 2008, 2009 Paul Stallard
Nederlandse vertaling © 2006, 2008, 2009 Uitgeverij Nieuwezijds

ISBN 978 90 5712 226 2
NUR 777

Niets uit deze uitgave mag worden verveelvoudigd en/of openbaar gemaakt door middel van druk, fotokopie, microfilm, geluidsband, elektronisch of op welke andere wijze ook en evenmin in een retrieval system worden opgeslagen zonder voorafgaande schriftelijke toestemming van de uitgever.

Hoewel dit boek met veel zorg is samengesteld, aanvaarden schrijver(s) noch uitgever enige aansprakelijkheid voor schade ontstaan door eventuele fouten en/of onvolkomenheden in dit boek.

Inhoud

Over de auteur 9
Online materialen 11

1 **Cognitieve gedragstherapie: theoretische achtergrond, principes en technieken** 13
   De empirische grondslag van de cognitieve gedragstherapie 14
   Het cognitieve model 16
   Cognitieve tekorten en vervormingen 17
   Basiskenmerken van cognitieve gedragstherapie 19
   Het doel van cognitieve gedragstherapie 20
   De basisingrediënten van cognitief-gedragsmatige interventies 21
   Slotbedenking 26

2 **Cognitieve gedragstherapie met kinderen en jongeren** 29
   Cognitieve gedragstherapie met kinderen tot twaalf jaar 29
   Vaststellen of de basisvaardigheden voor CGT aanwezig zijn 31
   Cognitieve gedragstherapie met adolescenten 35
   Veelvoorkomende problemen bij cognitieve gedragstherapie met kinderen en adolescenten 38

3 **Denk goed – voel je goed: materialenoverzicht** 45
   Gedachten, gevoelens en wat je doet 46
   Automatische gedachten 47
   Denkfouten 48
   Evenwichtig denken 49
   Kernovertuigingen 49
   Word je gedachten de baas 50
   Hoe je je voelt 52
   Word je gevoel de baas 52
   Verander je gedrag 53
   Leer problemen oplossen 55

4 **Gedachten, gevoelens en wat je doet** 57
   De magische cirkel 57
   Wat je denkt 59
   Kernovertuigingen 59
   Overtuigingen en veronderstellingen 59
   Belangrijke gebeurtenissen 61

Automatische gedachten — 61
Hoe je je voelt — 62
Wat je doet — 62

Gedachten, gevoelens en wat je doet: alles op een rijtje — 65
De magische cirkel — 66
De negatieve cirkel — 67
De Als ... dan-quiz — 68
Wat ik denk, wat ik doe of hoe ik me voel — 69

5 Automatische gedachten — 71
Ik, wat ik doe en mijn toekomst — 71
Waarom luister ik naar mijn negatieve gedachten? — 73
De negatieve cirkel — 73
'Brandende' gedachten — 74

Gedachten en gevoelens — 77
Mijn 'brandende' gedachten — 79
Fijne gedachten over mezelf — 80
Fijne gedachten over mijn toekomst — 81
Nare gedachten over mezelf — 82
Piekergedachten over wat ik doe — 83
Wat denken ze? — 84

6 Denkfouten — 89
De pretbedervers — 89
Dingen opblazen — 90
Mislukking voorspellen — 91
Gevoelde gedachten — 91
Aansturen op een mislukking — 92
Mijn schuld! — 92

Denkfouten opsporen — 94
Welke denkfouten maak jij? — 96

7 Evenwichtig denken — 99
Hoe werkt het? — 100

Bewijsmateriaal verzamelen — 103
Evenwichtig denken — 105
Gedachtethermometer — 107

8 Kernovertuigingen — 109
Kernovertuigingen opsporen — 110
Kernovertuigingen uitdagen — 112
Praat er met iemand anders over — 113

Kernovertuigingen opsporen — 114
Kernovertuigingen uitdagen — 116
Veelvoorkomende overtuigingen — 117

INHOUD

9 Word je gedachten de baas   121
    Afleiding zoeken   122
    Boeiende bezigheden   123
    Helpende gedachten   124
    Positieve zelfspraak   124
    Gedachten stoppen   125
    Zet het geluid zachter   126
    Onderzoek je gedachten   127
    Gooi ze weg   128

    Onderzoek je gedachten en overtuigingen   129
    Gedachten uitdagen   130
    Zoeken naar het positieve   131
    Positieve zelfspraak   132
    Helpende gedachten   133
    De 'brandkast voor piekergedachten'   134
    Zet de cassette uit   135
    Oefen dat het je lukt   136
    Gedachten stoppen   137

10 Hoe je je voelt   139
    Welke gevoelens heb ik?   140
    Gevoelens en wat je doet   141
    Gevoelens en wat je denkt   142
    Alles op een rijtje   143

    Gevoelens en wat je denkt   144
    Gevoelens en wat je doet   145
    De woordzoeker van Voelspriet   146
    Welk gevoel hoort waar?   147
    Mijn gevoelens   148
    Wat gebeurt er wanneer ik me verdrietig voel?   149
    Wat gebeurt er wanneer ik me boos voel?   150
    Wat gebeurt er wanneer ik me zenuwachtig voel?   151
    Wat gebeurt er wanneer ik me blij voel?   152
    Gevoelens en plaatsen   153
    De gevoelsthermometer   154

11 Word je gevoel de baas   155
    Leren ontspannen   156
    Lichaamsbeweging   157
    Gecontroleerde ademhaling   157
    Rustgevende beelden   158
    Ontspannende bezigheden   158
    Voorkomen   159

    De 'bewaarkluis voor gevoelens'   161
    De woedevulkaan   162
    Leren ontspannen   163

Mijn ontspannende plek	164
Mijn ontspannende bezigheden	165

12 Verander je gedrag — 167

Meer leuke dingen doen	168
Breng in kaart hoe je je voelt en wat je doet	169
Kleine stapjes	170
Kijk je angst in de ogen	171
Weg met die gewoontes	172
Activiteitendagboek	176
Steeds een treetje hoger	177
Dingen waardoor ik me goed voel	178
Dingen waardoor ik me naar voel	179
Dingen die ik graag wil doen	180
Kijk je angst in de ogen	181
Kleine stapjes	182
Weg met die gewoontes	183

13 Leer problemen oplossen — 185

Waarom zijn er problemen?	185
Leer stil te staan om na te denken	186
Bedenk verschillende oplossingen	187
Denk na over de gevolgen	188
Herinner jezelf eraan wat je moet doen	189
Oefening baart kunst	191
Maak een succesplan	192
Vertel jezelf wat je moet doen	192
Verschillende oplossingen bedenken	194
Wat zijn de gevolgen van mijn oplossingen?	196
Oplossingen zoeken	197
Vertel jezelf wat je moet doen	198
Stop, denk na en doe	200

Literatuur — 201

Index — 205

Over de auteur

Dr. Paul Stallard studeerde in 1980 als klinisch psycholoog af aan de Universiteit van Birmingham. Hij werkte eerst met kinderen en jongeren in de regio West Midlands en ging in 1988 aan de slag op de afdeling kinder- en gezinspsychiatrie van het ziekenhuis in Bath. Hij is hoogleraar aan de Universiteit van Bath en heeft diverse gesubsidieerde studies uitgevoerd naar de effecten van trauma en chronische ziekte op kinderen. Hij publiceerde meer dan zeventig artikelen in vooraanstaande vakbladen en leidt momenteel een onderzoek naar de toepassing van cognitieve gedragstherapie bij de behandeling van posttraumatische stressstoornissen.

Online materialen

Alle teksten en werkbladen zijn **gratis en in kleur** beschikbaar **voor bezitters van de gedrukte versie** van het boek. Bezoek de website www.nieuwezijds.nl voor informatie over het downloaden van deze flexibele hulpmiddelen voor gebruik met cliënten. Het voordeel van de online materialen is dat het mogelijk is bepaalde delen van het werkboek apart te downloaden en te printen voor gebruik tijdens behandelsessies met kinderen. Vooral voor jongere kinderen is het aantrekkelijk dat de online materialen in kleur zijn uitgevoerd. De behandelaar kan de materialen naar eigen inzicht inzetten en zo vaak gebruiken als nodig is.

Behalve als hulpmiddel op papier, is *Denk goed – voel je goed* ook beschikbaar als interactief computerprogramma. Na downloaden van de online versie van *Denk goed – voel je goed* kan de cliënt de werkbladen invullen en opslaan op de computer. Dit is vooral aantrekkelijk en motiverend voor adolescenten en jongere kinderen die graag met de computer werken. De materialen kunnen dienen om de behandelsessies te structureren of als aanvulling op de reguliere sessies, maar kunnen ook als huiswerk aan de jeugdige cliënt worden meegegeven. Het kind neemt in dat geval de relevante werkbladen op diskette mee naar huis, vult ze thuis in en neemt ze later op de behandelsessie met de therapeut door.

Ten slotte is het mogelijk een aantal van de werkbladen te bewerken om ze nog beter af te stemmen op het kind. De behandelaar kan bijvoorbeeld onderdelen uit de 'Als ... dan-quiz' of het werkblad 'Veelvoorkomende overtuigingen' weglaten of aanpassen, of er juist vragen aan toevoegen. De bewerkte formulieren kunnen vervolgens een onbeperkt aantal malen worden gekopieerd, geprint en gebruikt.

HOOFDSTUK 1
Cognitieve gedragstherapie: theoretische achtergrond, principes en technieken

De term 'cognitieve gedragstherapie' (CGT) wordt gebruikt voor psychotherapeutische interventies die er naar streven psychisch lijden en disfunctioneel gedrag te reduceren door het wijzigen van cognitieve processen (Kaplan e.a., 1995). CGT gaat uit van de veronderstelling dat emoties en gedrag grotendeels het product zijn van cognities, en dat cognitieve en gedragsmatige interventies daarom veranderingen in gedachten, gevoelens en gedrag kunnen bewerkstelligen (Kendall, 1991). CGT combineert daarmee de basiselementen van de cognitieve en de gedragstherapeutische theorie, en is door Kendall en Hollon (1979) gedefinieerd als een therapievorm die ernaar streeft:

> de doelmatigheid van gedragsmatige technieken te behouden, maar die minder dogmatisch is en rekening houdt met de cognitieve interpretatie van gebeurtenissen door het kind en de betekenis die het kind aan gebeurtenissen toekent.

Er is een groeiende belangstelling voor het gebruik van CGT bij kinderen en jongeren. Deze belangstelling is aangewakkerd door een aantal studies die concludeerden dat CGT een veelbelovende en effectieve interventie is voor de behandeling van psychische problemen bij kinderen (Kazdin & Weisz, 1998; Roth & Fonagy, 1996; Wallace e.a., 1995). Onderzoek heeft aangetoond dat CGT een effectieve behandelmethode is voor gegeneraliseerde angststoornissen (Kendall, 1994; Kendall, e.a., 1997; Silverman e.a., 1999a), depressieve stoornissen (Harrington e.a., 1998; Lewinsohn & Clarke, 1999), interpersoonlijke problemen en sociale fobie (Spence & Donovan, 1998; Spence e.a., 2000), diverse fobieën (Silverman e.a., 1999b), schoolweigering (King e.a., 1998), seksueel misbruik (Cohen & Mannarino, 1996, 1998), en voor het omgaan met pijn (Sanders e.a., 1994). Verder is aangetoond dat CGT positieve resultaten oplevert bij een scala aan andere problemen, zoals probleemgedrag bij adolescenten (Herbert, 1998), eetstoornissen (Schmidt, 1998), posttraumatische stress (March e.a., 1998; Smith e.a., 1999) en dwangstoornissen (March, 1995; March e.a., 1994).

Cognitieve gedragstherapie richt zich op de samenhang tussen:
- cognities (wat we denken),
- emoties (hoe we ons voelen),
- gedrag (wat we doen).

Onderzoek heeft aangetoond dat cognitieve gedragstherapie een effectieve behandelmethode is voor een aantal veelvoorkomende psychische problemen bij kinderen.

De empirische grondslag van de cognitieve gedragstherapie

De theoretische basis van de cognitieve gedragstherapie is gelegd door een aantal belangrijke onderzoeksstromingen. Het voert te ver om hier een compleet overzicht te geven van al dit onderzoek, maar een paar van de belangrijkste begrippen en methoden die ten grondslag liggen aan de cognitieve gedragstherapie moeten hier wel genoemd worden.

De klassieke conditionering van Pavlov is een van de vroegste invloeden. Pavlov liet zien dat door herhaalde koppeling een associatie opgewekt (geconditioneerd) kan worden tussen een natuurlijke reactie (zoals speekselafscheiding) en een bepaalde stimulus (bijvoorbeeld het geluid van een bel). Zijn onderzoek toonde aan dat emotionele reacties (zoals angst) geconditioneerd kunnen worden aan bepaalde gebeurtenissen en situaties.

- **Emotionele reacties kunnen geconditioneerd worden aan bepaalde gebeurtenissen.**

Wolpe (1958) paste de klassieke conditionering toe op menselijk gedrag en klinische problemen en ontwikkelde de behandelmethode systematische desensitisatie. Hierbij worden angstwekkende stimuli gekoppeld aan een tweede stimulus, die een tegengestelde reactie teweegbrengt (bijvoorbeeld ontspanning). Doordat deze twee reacties onverenigbaar zijn, wordt de angstreactie uitgeschakeld. Dit wordt ook wel reciproke inhibitie genoemd. Met deze methode, die tegenwoordig veel wordt gebruikt in de klinische praktijk, wordt de cliënt in ontspannen toestand volgens een angsthiërarchie geleidelijk blootgesteld aan beangstigende situaties, zowel *in vivo* als imaginair.

- **Emotionele reacties kunnen door middel van reciproke inhibitie worden uitgeschakeld.**

De tweede belangrijke invloed vanuit het behaviorisme is het werk van Skinner (1974), dat de nadruk legde op de rol die omgevingsinvloeden spelen in gedrag. Skinners procedure, die bekend werd als operante conditionering, richtte zich op het verband tussen antecedenten (omgevingsstimuli), gevolgen (bekrachtiging) en gedrag. De essentie hiervan is dat een bepaald gedrag versterkt wordt en dus vaker wordt vertoond waneer het positieve gevolgen heeft of wanneer negatieve gevolgen achterwege blijven.

- **Gedrag wordt beïnvloed door antecedenten en gevolgen.**
- **Gevolgen die de kans op een bepaald gedrag vergroten zijn bekrachtigers.**
- **Het wijzigen van antecedenten of gevolgen kan leiden tot gedragsveranderingen.**

De sociale-leertheorie van Albert Bandura (1977) was een belangrijke aanvulling op de gedragstherapie, omdat hierin ook rekening werd gehouden met de mediërende rol die cognitieve processen spelen. Deze theorie onderkende het belang van de omgeving, maar gaf tegelijkertijd aan dat cognities een rol spelen in de correlatie tussen stimulus en respons. Bandura betoogde dat mensen dingen kunnen leren door iemand anders te observeren en ontwikkelde een model voor zelfcontrole op basis van zelfobservatie, zelfevaluatie en zelfbekrachtiging.

Meichenbaum (1975) legde in zijn werk nog sterker de nadruk op cognities en ontwikkelde de zelfinstructietraining (ZIT). Deze benadering ging ervan uit dat gedrag vaak wordt gestuurd door gedachten of innerlijke spraak. Dit betekent dat het veranderen van zelfinstructies kan leiden tot de ontwikkeling van meer adequate zelfcontrolevaardigheden. Het ZIT-model neemt een ontwikkelingspsychologisch perspectief in en weerspiegelt de manier waarop kinderen leren hun gedrag te sturen. ZIT bestaat uit vier stappen: observeren hoe iemand anders een taak uitvoert, dezelfde taak uitvoeren terwijl iemand anders instructies geeft, jezelf hardop instructies geven tijdens het uitvoeren van de taak en ten slotte de instructies fluisteren of in jezelf uitspreken.

- **Gedrag wordt beïnvloed door cognitieve ervaringen en processen.**
- **Veranderingen in cognitieve processen kunnen leiden tot gedragsveranderingen.**

In zijn rationeel-emotieve therapie werkte Albert Ellis (1962) het verband tussen emoties en cognities verder uit. Hij stelde dat emoties en gedrag niet het gevolg zijn van de gebeurtenis op zich, maar van de manier waarop de gebeurtenis wordt geïnterpreteerd. Hij stelde hiervoor het ABC-model op, waarbij een Activerende gebeurtenis (A) wordt gevolgd door een Beoordeling of overtuiging (B) die vervolgens leidt tot emotionele Consequenties (C). Beoordelingen of overtuigingen kunnen rationeel of irrationeel zijn. Negatieve emoties worden over het algemeen veroorzaakt en in stand gehouden door irrationele overtuigingen.

De rol van disfunctionele en vervormde cognities in de ontwikkeling en instandhouding van depressies werd onderzocht door Aaron Beck en beschreven in zijn klassieker *Cognitive Therapy of Depression* (Beck, 1976; Beck e.a., 1979). Beck betoogt dat disfunctionele gedachten die iemand heeft over zichzelf, de wereld en de toekomst (cognitieve triade), leiden tot cognitieve vervormingen die negatieve emoties veroorzaken. Kernovertuigingen of schema's, de stevig verankerde overtuigingen die in de kindertijd ontstaan en op basis waarvan iemand gebeurtenissen beoordeelt, spelen hierin een belangrijke rol. Zodra deze kernovertuigingen geactiveerd worden, produceren ze een scala aan automatische gedachten. Deze automatische gedachten kunnen allerlei vervormingen of denkfouten vertonen die leiden tot negatieve cognities. En het zijn juist deze negatieve cognities die in verband staan met depressie.

- **Emoties worden beïnvloed door cognities.**
- **Irrationele overtuigingen en schema's of negatieve cognities staan in verband met negatieve emoties.**
- **Veranderingen in cognitieve processen kunnen leiden tot veranderingen in emoties.**

Inmiddels is aangetoond dat er ook een relatie bestaat tussen andere emoties en psychische problemen en cognitieve processen (Beck e.a., 1985; Hawton e.a., 1989). De rol die overtuigingen en schema's spelen in het ontstaan en de instandhouding van psychische problemen is later nog verder uitgewerkt. Met name Young (1990) heeft zich verdiept in de functie van schema's. Hij stelt dat disfunctionele cognitieve schema's, die tijdens de kindertijd zijn gevormd, leiden tot storende gedragspatronen die mensen in de loop van hun leven blijven herhalen. Disfunctionele schema's lijken verder in verband te staan met bepaalde opvoedstijlen en ontwikkelen zich als niet wordt voldaan aan de emotionele basisbehoeften van het kind. Er zijn aanwijzingen dat er vijftien hoofdschema's zouden bestaan (Schmidt e.a., 1995).

- **Disfunctionele cognitieve schema's ontwikkelen zich in de kindertijd en lijken samen te hangen met bepaalde opvoedstijlen.**

Deze veronderstelling moet nog empirisch getoetst worden. Bevestiging van de veronderstelling zou voor de jeugdzorg een interessante uitdaging betekenen, namelijk nagaan of het mogelijk is de ontwikkeling van meer functionele cognitieve processen te stimuleren en daarmee de kans op problemen met de geestelijke gezondheid in de toekomst te drastisch terug te brengen.

Het cognitieve model

Het doel van cognitieve gedragstherapie is te begrijpen hoe iemand gebeurtenissen en ervaringen interpreteert, te achterhalen welke vervormingen of tekorten zich voordoen in de cognitieve processen en hier wijzigingen in aan te brengen.
Figuur 1.1 geeft schematisch weer hoe disfunctionele cognitieve processen ontstaan, hoe ze worden geactiveerd en hoe ze gedrag en emoties beïnvloeden. Dit model is grotendeels gebaseerd op het werk van Aaron Beck.

Het uitgangspunt hierbij is dat vroege ervaringen en opvoeding leiden tot de ontwikkeling van stevig verankerde, rigide denkpatronen (kernovertuigingen of schema's). Nieuwe informatie en ervaringen worden geëvalueerd op basis van deze kernovertuigingen of schema's (bijvoorbeeld: 'Ik moet succesvol zijn'), en informatie die ze versterkt en in stand houdt, wordt geselecteerd en gefilterd. Kernovertuigingen of schema's worden geactiveerd door belangrijke gebeurtenissen (zoals examen doen), en leiden tot een aantal veronderstellingen (bijvoorbeeld: 'Ik haal alleen een goed cijfer als ik de hele dag studeer'). Deze brengen op hun beurt weer een stroom van automatische gedachten op gang over de persoon zelf (bijvoorbeeld: 'Ik moet wel dom zijn'), zijn of haar gedrag ('Ik werk niet hard genoeg') en de toekomst ('Ik haal dit examen nooit en kan dus niet naar de universiteit'). Deze gedachtestroom wordt ook wel de cognitieve triade genoemd. De automatische gedachten kunnen vervolgens weer leiden tot veranderingen in emoties (angst, verdriet) en gedrag (thuisblijven, alsmaar blijven doorwerken), en somatische veranderingen (verlies van eetlust, slaapproblemen).

1. COGNITIEVE GEDRAGSTHERAPIE

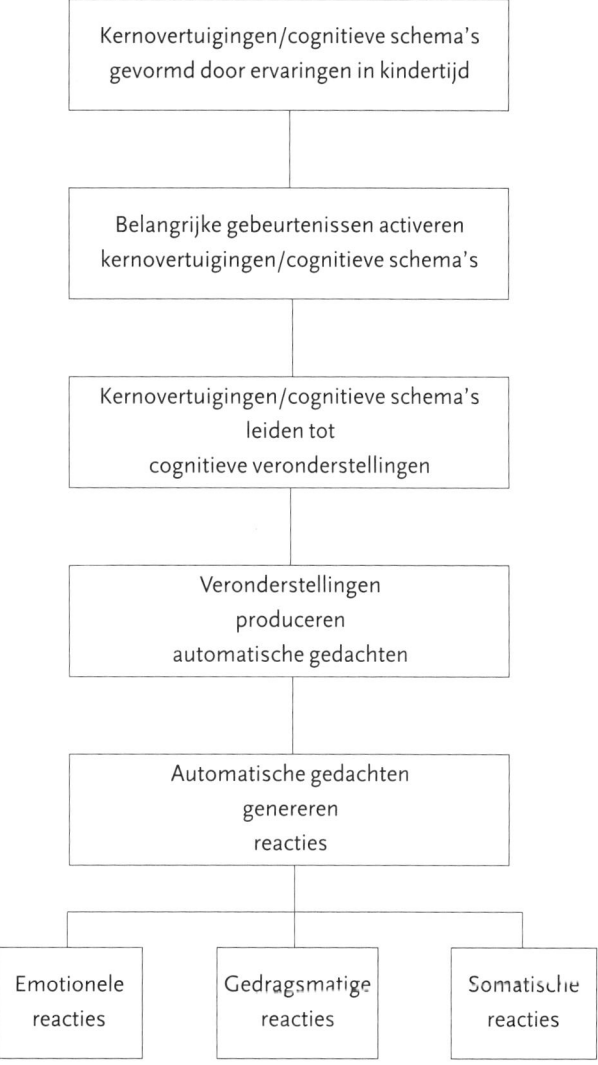

Figuur 1.1: Het cognitieve model

Cognitieve tekorten en vervormingen

De cognitieve gedragstherapie gaat ervan uit dat psychopathologie veroorzaakt wordt door afwijkingen in de cognitieve processen. Met andere woorden: problemen zijn het gevolg van cognitieve vervormingen of tekorten.

Cognitieve vervormingen komen voor bij kinderen met uiteenlopende problemen. Kinderen met angststoornissen blijken ambigue gebeurtenissen ten onrechte als dreigend te ervaren (Kendall e.a., 1992). Zij zijn vaak te veel op zichzelf gefocust en zeer kritisch, en rapporteren meer zelfspraak en negatieve verwachtingen (Kendall en Panichelli-Mindel, 1995). Agressieve kinderen blijken juist meer agressie waar te nemen in ambigue situaties, en blijken het gedrag van iemand anders selectief te interpreteren op basis van een klein aantal signalen (Dodge, 1985). Depressieve kinderen blijken situaties vaker negatief te interpreteren dan niet-depressieve kinderen. Verder schrijven zij negatieve gebeurtenissen vaker toe aan stabiele interne oorzaken en positieve gebeurtenissen aan instabiele externe oorzaken (Bodiford e.a.,

1988; Curry & Craighead, 1990). Ze hebben een vertekend beeld van hun eigen gedrag en besteden selectief aandacht aan de negatieve aspecten van gebeurtenissen (Kendall e.a., 1990; Leitenberg e.a., 1986; Rehm & Carter, 1990).

Bij behandelmethoden die zich richten op cognitieve vervormingen is het belangrijk dat het kind zich bewuster wordt van disfunctionele en irrationele cognities, overtuigingen en schema's, en inzicht krijgt in het effect hiervan op gedrag en gevoelens. Kenmerkende elementen van dergelijke behandelprogramma's zijn: een of andere vorm van zelfmonitoring, het opsporen van disfunctionele cognities, gedachten toetsen en cognitieve herstructurering.

Tekorten in de cognitieve processen, zoals niet in staat zijn om te plannen of problemen op te lossen, komen voor bij kinderen en jongeren met problemen rond zelfcontrole, zoals hyperactieve kinderen met een aandachtstekortstoornis (ADHD), en ook bij kinderen met interpersoonlijke problematiek (Kendall, 1993; Spence & Donovan, 1998). Agressieve kinderen blijken bijvoorbeeld beperkte probleemoplossende vaardigheden te bezitten en hebben meer moeite om verbale oplossingen te bedenken voor probleemsituaties (Lochman e.a., 1991; Perry e.a., 1986). Kinderen met een sociale fobie blijken tekorten te vertonen in hun sociale vaardigheden en antisociale kinderen leggen een gebrekkige sociale perceptie aan de dag (Chandler, 1973; Spence e.a., 1999).

Cognitief-gedragsmatige interventies die zich richten op cognitieve tekorten, besteden met name aandacht aan het aanleren van nieuwe cognitieve en gedragsmatige vaardigheden. Dergelijke behandelingen werken vaak aan sociale probleemoplossing, het aanleren van nieuwe cognitieve strategieën (bijvoorbeeld zelfinstructietraining en positieve zelfspraak of helpende gedachten), het oefenen van vaardigheden en zelfbekrachtiging.

Inzicht in de manier waarop het kind of de jeugdige gebeurtenissen en ervaringen cognitief interpreteert, is een eerste vereiste voor CGT. De invulling van de behandeling hangt hiervan af. Er is echter vrij weinig bekend over de cognitieve tekorten of vervormingen achter veel problemen bij kinderen en jongeren. Onderzoek naar de behandeling van volwassenen met een posttraumatische stressstoornis en dwangstoornissen heeft laten zien hoe belangrijk het is te weten hoe de cliënt het trauma of de dwang ervaart (Ehlers & Clark, 2000; Salkovskis, 1999). Een chronische posttraumatische stressstoornis hangt vaak samen met vervormde cognitieve processen waardoor het trauma wordt ervaren als een ernstige dreiging in het hier en nu (Ehlers & Clark, 2000). Bij dwangstoornissen gaat het vaak om vertekende cognities die verband houden met een overmatig gevoel van verantwoordelijkheid voor negatieve gebeurtenissen (Salkovskis, 1999). Het is nog onduidelijk of dezelfde vervormingen ook voorkomen bij kinderen. Verder onderzoek is noodzakelijk om een beter inzicht te verkrijgen in de cognitieve processen die ten grondslag liggen aan de psychische problemen en stoornissen van kinderen.

- **Kinderen met psychische problemen vertonen cognitieve tekorten en vervormingen.**
- **Er is behoefte aan meer inzicht in de cognitieve processen die een rol spelen bij psychische problemen bij kinderen.**

Basiskenmerken van cognitieve gedragstherapie

De term *cognitieve gedragstherapie* wordt gebruikt voor zeer uiteenlopende behandelmethoden, die echter vaak wel voor een belangrijk deel dezelfde kenmerken hebben (Fennel, 1989).

CGT is theoretisch onderbouwd

CGT is gebaseerd op empirisch verifieerbare modellen. Zowel de gedachte achter deze behandelmethode (emoties en gedrag worden grotendeels bepaald door cognities) als het doel en de aard de behandeling (vervormingen uitdagen of tekorten herstellen) komen voort uit deze modellen. CGT is geen samenraapsel van technieken, maar een samenhangende, doordachte behandelmethode.

CGT is gebaseerd op samenwerking

Een belangrijk aspect van CGT is het samenwerkingsproces tussen cliënt en behandelaar. De jeugdige cliënt speelt een actieve rol bij het bepalen van einddoelen, stellen van tussendoelen, experimenteren, oefenen en beoordelen van de voortgang. Het uiteindelijke doel hiervan is te komen tot meer en effectievere zelfcontrole. De therapeut biedt daarbij het ondersteunende kader waarbinnen dit mogelijk is. Het is de taak van de therapeut om een samenwerkingsrelatie op te bouwen die de jeugdige cliënt in staat stelt meer inzicht te krijgen in zijn of haar problemen en te komen tot een andere manier van denken en doen.

CGT is kortdurend

Het is een kortdurende behandeling, die meestal niet meer dan zestien sessies in beslag neemt en vaak zelfs veel minder. De korte duur van de behandeling bevordert de zelfstandigheid en zelfhulp. Het model is geschikt voor gebruik met kinderen en adolescenten; de behandelperiode is dan gewoonlijk aanzienlijk korter dan bij volwassenen.

CGT is objectief en gestructureerd

Het is een gestructureerde en objectieve behandelmethode die de jeugdige cliënt ondersteunt in een proces dat bestaat uit diagnose, probleemstelling, interventie, registratie en evaluatie. Er worden duidelijke afspraken gemaakt over de eind- en tussendoelen van de behandeling en deze worden regelmatig geëvalueerd. Beoordelingsschalen en het toekennen van cijfers spelen een belangrijke rol in de behandeling (bijvoorbeeld met betrekking tot de frequentie van disfunctioneel gedrag, de kracht van het geloof in disfunctionele gedachten of de mate van onlust die wordt ervaren). De voortgang wordt voortdurend in de gaten gehouden door middel van registratie en evaluatie, waarbij de huidige stand van zaken wordt vergeleken met die aan het begin van de behandeling.

CGT is gericht op het hier en nu

Een CGT-behandeling richt zich op het heden en houdt zich dus bezig met problemen die op dit moment spelen. Het doel is niet 'onbewuste jeugdtrauma's of biologische, neurologische en genetische oorzaken van het psychisch disfunctioneren aan het licht te brengen, maar een nieuwe, adequatere manier te vinden om met de wereld om te gaan.'(Kendall & Panichelli-Mindel, 1995). Met name voor kinderen en jongeren is deze benadering zeer geschikt, omdat zij over het algemeen meer geïnteresseerd zijn in actuele problemen en meer gemotiveerd zijn om aan de slag te gaan met situaties in het hier en nu, dan om hun voorgeschiedenis te doorgronden.

CGT is gebaseerd op geleide zelfontdekking en experimenten

Het betreft een actief proces dat zelfonderzoek en het uitdagen van veronderstellingen en overtuigingen stimuleert. De cliënt ondergaat de adviezen of waarnemingen van de therapeut niet passief, maar wordt juist aangemoedigd om zelf gedachten en veronderstellingen uit te dagen en te leren door middel van experimenten. De cliënt toetst of gedachten, veronderstellingen en overtuigingen kloppen, gaat op zoek naar alternatieven, probeert anders tegen gebeurtenissen aan te kijken, probeert nieuw gedrag uit en evalueert dit.

CGT richt zich op vaardigheden

CGT is een praktische aanpak, waarbij bepaalde vaardigheden worden ingezet om alternatieve denk- en gedragspatronen aan te leren. Kinderen worden gestimuleerd om vaardigheden en ideeën die tijdens de therapiesessies zijn besproken, te oefenen in het dagelijks leven. Huiswerkopdrachten zijn daarbij over het algemeen een belangrijk onderdeel van de behandeling.

CGT:
- is theoretisch onderbouwd,
- is gebaseerd op actieve samenwerking,
- is kortdurend,
- is objectief en gestructureerd,
- richt zich op problemen in het heden,
- stimuleert zelfontdekking en experimenten,
- richt zich op leren door het inzetten van vaardigheden.

Het doel van cognitieve gedragstherapie

Globaal gezegd streeft de cognitieve gedragstherapie naar meer zelfbesef, zelfinzicht en zelfcontrole door het aanleren van adequatere cognitieve en gedragsmatige vaardigheden. CGT helpt bij het opsporen van disfunctionele gedachten en overtuigingen, die overwegend negatief en vertekend zijn en veel zelfkritiek vertonen. Door middel van zelfmonitoring, educatie, experimenten en toetsing worden deze gedachten en overtuigingen vervangen door meer positieve, evenwichtige en functio-

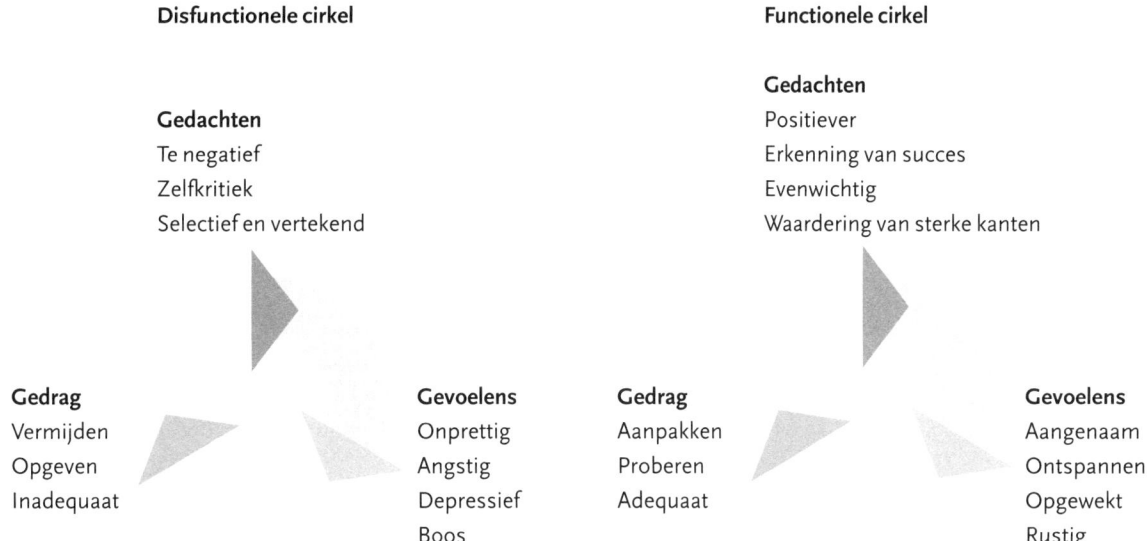

Figuur 1.2: Een functionele en een disfunctionele cirkel

nele cognities, die sterke punten en successen wel op waarde schatten. Cognitieve en gedragsmatige tekorten worden in kaart gebracht en nieuwe cognitieve probleemoplossende vaardigheden en gedragingen worden aangeleerd, uitgeprobeerd, geëvalueerd en bekrachtigd. De cliënt krijgt meer inzicht in de aard en oorzaken van nare gevoelens en kan deze vervangen door aangenamere emoties. En uiteindelijk is de cliënt in staat beter om te gaan met nieuwe en moeilijke situaties door de aangeleerde cognitieve en gedragsmatige vaardigheden toe te passen.

Dit proces helpt de jeugdige cliënt los te breken uit een disfunctionele cirkel en over te stappen op een meer functionele cirkel, zoals figuur 1.2 laat zien.

De basisingrediënten van cognitief-gedragsmatige interventies

Gezien de verscheidenheid aan invloeden die hebben bijgedragen aan de ontwikkeling van de cognitieve gedragstherapie is het niet verrassend dat het een parapluterm is geworden voor allerlei technieken en strategieën die in verschillende volgorde en verschillende combinaties worden toegepast. De probleemstelling bepaalt welke elementen in de behandeling worden opgenomen, waar de behandeling zich op richt en hoe de behandeling er precies uit gaat zien. Als het goed is wordt de behandeling toegesneden op de specifieke problemen en individuele behoeften van het kind en wordt de opzet niet klakkeloos overgenomen uit een boekje. Hoewel een flexibele aanpak gewenst is, leidt dit soms ook tot verwarring over de vraag welke interventies wel en welke niet onder CGT vallen.

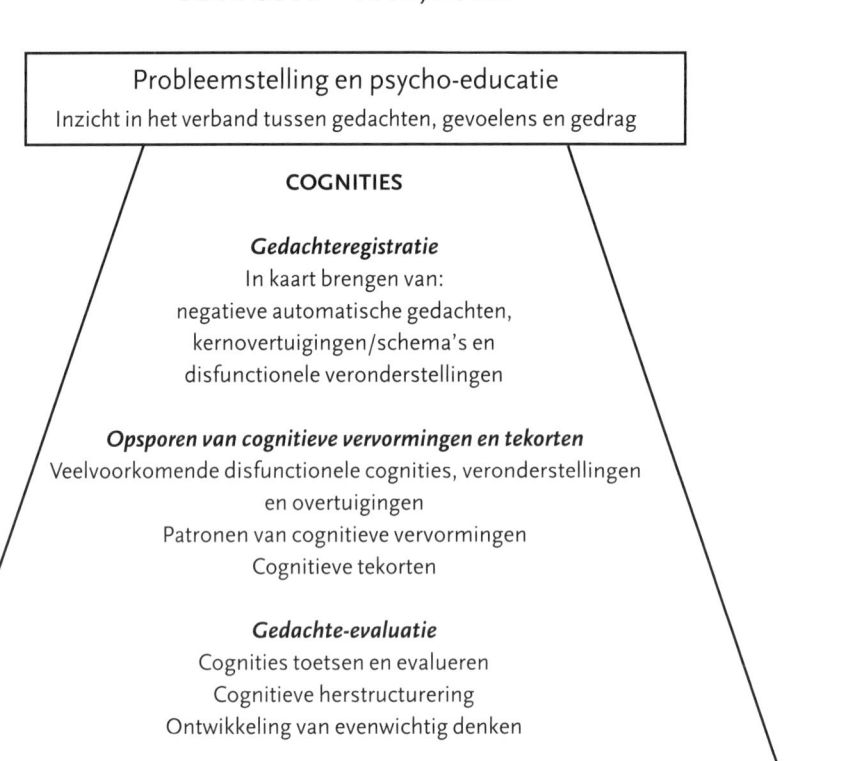

Probleemstelling en psycho-educatie
Inzicht in het verband tussen gedachten, gevoelens en gedrag

COGNITIES

Gedachteregistratie
In kaart brengen van:
negatieve automatische gedachten,
kernovertuigingen/schema's en
disfunctionele veronderstellingen

Opsporen van cognitieve vervormingen en tekorten
Veelvoorkomende disfunctionele cognities, veronderstellingen
en overtuigingen
Patronen van cognitieve vervormingen
Cognitieve tekorten

Gedachte-evaluatie
Cognities toetsen en evalueren
Cognitieve herstructurering
Ontwikkeling van evenwichtig denken

Ontwikkeling van nieuwe cognitieve vaardigheden
Afleiding zoeken, het positief dagboek, positieve zelfspraak en helpende gedachten
Zelfinstructietraining, nadenken over de gevolgen van gedrag,
probleemoplossende vaardigheden

GEDRAG — **EMOTIES**

GEDRAG	EMOTIES
Activiteitenregistratie Verband tussen activiteit, gedachten en gevoelens Opsporen van factoren die patronen in stand houden	*Affectieve educatie* Onderscheid tussen belangrijkste emoties Fysieke symptomen herkennen
Einddoelen stellen Einddoelen formuleren en vaststellen	*Registratie van emoties* Verband tussen gevoelens, gedachten en gedrag Beoordelingsschaal voor intensiteit
Tussendoelen stellen Oefentaken Meer leuke dingen gaan doen Andere planning van activiteiten	*Omgaan met emoties* Nieuwe vaardigheden (o.a. ontspanning, woedehantering)
Gedragsexperimenten Voorspellingen/veronderstellingen toetsen	
Geleidelijke blootstelling/responspreventie	
Nieuwe vaardigheden/gedrag aanleren Rollenspel Modelling Oefenen	

Bekrachtiging en beloning
Zelfbekrachtiging, belonen met stickers, gedragscontract

Figuur 1.3: De gereedschapskist van de behandelaar

Er zijn vaak grote onderlinge verschillen tussen de behandelingen die worden samengebundeld onder deze algemene paraplu. De ene behandeling legt veel meer de nadruk op cognitieve en de andere meer op gedragsmatige interventies en soms is het cognitieve element zelfs nauwelijks meer te ontdekken. Zo is de behandeling van kinderen en jongeren met een dwangstoornis bijvoorbeeld meestal hoofdzakelijk gericht op gedragsmatige aspecten, waarbij de nadruk ligt op psycho-educatie, angsthantering, geleidelijke blootstelling en responspreventie (March, 1995). Het cognitieve element is over het algemeen zeer beperkt en het komt voor dat slechts één soort cognitieve strategie wordt toegepast (bijvoorbeeld positieve zelfspraak of zelfinstructietraining).

Hoewel de behandelingen qua samenstelling vaak sterk verschillen, en de ene behandeling meer de nadruk legt op cognitieve aspecten, terwijl de andere meer gericht is op gedragsmatige onderdelen, bevatten de meeste cognitief-gedragsmatige behandelingen veel van de volgende elementen.

Probleemstelling en psycho-educatie

Educatie over het verband tussen *gedachten*, *gevoelens* en *gedrag* is een basisingrediënt van alle cognitief-gedragsmatige behandelingen. Het doel hiervan is een duidelijk beeld te geven van de relatie tussen hoe mensen denken, hoe ze zich voelen en wat ze doen.

Gedachteregistratie

Een van de belangrijkste onderdelen is het opsporen van veelvoorkomende cognities en denkpatronen. Gedachteregistratie kan zich richten op *kernovertuigingen*, *negatieve automatische gedachten* of *disfunctionele veronderstellingen* en de cliënt let hierbij op 'brandende' situaties (situaties die een sterke emotionele verandering teweegbrengen, of zeer negatieve gedachten of veel zelfkritiek oproepen). De *cognitieve triade* is een goed hulpmiddel om informatie te structureren en organiseren, en om te inventariseren welke gedachten kinderen hebben over zichzelf, hun wereld en wat ze doen.

Opsporen van cognitieve vervormingen en tekorten

Door gedachteregistratie komen de *negatieve* of *disfunctionele cognities* en *irrationele overtuigingen* of *veronderstellingen* van de cliënt aan het licht. Hierdoor wordt het duidelijk welke *cognitieve vervormingen* (bijvoorbeeld overschatting, selectieve aandacht voor het negatieve) of *cognitieve tekorten* (bijvoorbeeld signalen van de ander onterecht als negatief interpreteren, beperkte probleemoplossende vaardigheden) hij of zij vertoont en hoe stemming en gedrag hierdoor worden beïnvloed.

Gedachte-evaluatie en ontwikkeling van alternatieve cognitieve processen

Wanneer de disfunctionele cognitieve processen eenmaal zijn opgespoord, wordt het mogelijk *veronderstellingen en overtuigingen systematisch te toetsen en te evalueren* en alternatieve cognitieve vaardigheden aan te leren. Hierbij wordt de ontwikkeling van *evenwichtig denken* of de *cognitieve herstructurering* gestimuleerd door technieken als zoeken naar nieuwe informatie, denken vanuit het gezichtspunt van iemand anders, of zoeken naar bewijzen die een bepaalde overtuiging of veronderstelling tegenspreken. Het uiteindelijke doel hiervan is het wijzigen van de disfunctionele cognities.

Gedachte-evaluatie biedt aanknopingspunten om te komen tot alternatieve, *meer evenwichtige* en *functionele* cognities, waarbij problemen wel worden onderkend, maar sterke punten en successen ook op waarde worden geschat.

Nieuwe cognitieve vaardigheden aanleren

Veel behandelingen besteden aandacht aan het aanleren van nieuwe cognitieve vaardigheden. Er is een enorm scala aan vaardigheden die hierbij kunnen worden ingezet. Een paar voorbeelden zijn afleiding zoeken, positieve zelfspraak, zelfinstructietraining, nadenken over de gevolgen van gedrag en probleemoplossende vaardigheden.

Affectieve educatie

Educatie met betrekking tot emoties is onderdeel van de meeste programma's. De bedoeling hiervan is dat de jeugdige cliënt leert de *belangrijkste emoties*, zoals boosheid, angst en verdriet, te *herkennen* en *van elkaar te onderscheiden*. Vaak ligt daarbij de nadruk op de *fysiologische veranderingen* waarmee deze emoties gepaard gaan (zoals een droge mond, klamme handen, versnelde hartslag) waardoor het kind zich bewust wordt van de manier waarop emoties zich bij hem of haar uiten.

Registratie van emoties

Het registreren van sterke of overheersende emoties kan helpen bij het in kaart brengen van de *tijdstippen*, *plaatsen*, *bezigheden* of *gedachten* die samenhangen met prettige dan wel met nare gevoelens. Met behulp van een beoordelingsschaal geeft het kind de intensiteit van emoties aan, zowel in praktijksituaties als tijdens de behandelsessies. Dit is een objectieve manier om de voortgang te controleren en vast te stellen of er veranderingen optreden.

Omgaan met emoties

Behandelingen gericht op problemen met een hoog arousalniveau, zoals angst, fobieën en posttraumatische stress, maken gewoonlijk gebruik van *ontspanningsoefeningen*, zoals *progressieve spierontspanning*, *gecontroleerde ademhaling* of *kalmerende visualisatie*.

Meer inzicht in de eigen emotionele patronen maakt het mogelijk preventieve strategieën te ontwikkelen. Door zich bijvoorbeeld bewust te worden van de manier waarop woede zich opbouwt, kan het kind eerder ingrijpen en daarmee een woedeuitbarsting voorkomen.

Doelen stellen en een andere planning van activiteiten

Het stellen van doelen is een essentieel onderdeel van alle cognitief-gedragsmatige behandelingen. De *einddoelen* van de therapie worden gezamenlijk vastgesteld en zodanig omschreven dat objectieve evaluatie mogelijk is. Door het systematisch gebruik van huiswerkopdrachten wordt de cliënt gestimuleerd de vaardigheden die in de therapiesessies aan de orde zijn gekomen, toe te passen in het dagelijks leven. De voortgang wordt in de gaten gehouden door regelmatig te controleren of de *gestelde tussendoelen* zijn gehaald.

Enkele voorbeelden van tussendoelen zijn: *meer dingen gaan doen* die prettige gevoelens opleveren, of het dagelijks leven *anders inrichten* om tijdstippen waarop sterk onprettige gevoelens ontstaan te voorkomen of tot een minimum terug te brengen.

Gedragsexperimenten

De cognitieve gedragstherapie maakt gebruik van geleide ontdekking, een methode waarbij veronderstellingen en gedachten worden uitgedaagd en getoetst. *Gedragsexperimenten* dienen hierbij als hulpmiddel om vast te stellen of wat er in werkelijkheid gebeurt al dan niet overeenkomt met wat iemand had voorspeld.

Blootstelling

Geleidelijke blootstelling als methode om te leren omgaan met moeilijke situaties is onderdeel van de meeste behandelingen. Hierbij omschrijft de cliënt eerst de probleemsituatie, om die vervolgens op te knippen in kleinere stappen en daarna een hiërarchie op te stellen waarin de stappen in volgorde van moeilijkheid worden geplaatst. De cliënt wordt, *in vivo* of imaginair, blootgesteld aan iedere stap van de hiërarchie, te beginnen met de minst moeilijke. Zodra een stap succesvol is afgerond, is de volgende stap aan de beurt en zo wordt de hele hiërarchie afgewerkt totdat de cliënt het probleem meester is.

Rollenspel, modelling en oefenen

Er zijn verschillende manieren om nieuwe vaardigheden en gedrag aan te leren. In een *rollenspel* kan iemand oefenen met moeilijke of uitdagende situaties, zoals omgaan met pesten. Hierdoor komt naar voren wat in een dergelijke situatie positieve vaardigheden zijn en kunnen alternatieve oplossingen of nieuwe vaardigheden worden aangedragen. Bepaalde strategieën voor het *aanleren van nieuwe vaardigheden* maken het gemakkelijker de nieuwe vaardigheden of het nieuwe gedrag toe te passen. Het kind kan bijvoorbeeld eerst anderen observeren die het gewenste gedrag of de vaardigheden voordoen (*modelling*), daarna het nieuwe gedrag *in de verbeelding* oefenen en het ten slotte toepassen *in het echte leven*.

Bekrachtiging en beloning

Positieve bekrachtiging van gewenst gedrag is de hoeksteen van alle cognitief-gedragsmatige behandelingen. Dit kan in de vorm van *zelfbekrachtiging*, waarbij de jeugdige zichzelf bijvoorbeeld beloont op cognitief vlak ('Goed zo, dat heb ik goed gedaan'), met iets tastbaars (een mooie cd) of met bepaalde activiteiten (een lekker ontspannend bad). Positieve bekrachtiging door anderen, met name ouders of verzorgers, is belangrijk voor jongere kinderen. Hierbij valt te denken aan belonen met *stickers*, een *gedragscontract* of een *puntensysteem*.

- Er is een aanzienlijk verschil tussen CGT-behandelingen onderling in de verhouding tussen cognitieve en gedragsmatige interventies.
- De basisingrediënten van veel CGT programma's zijn:
    - registratie van gedachten, gevoelens en/of gedrag,
    - psycho-educatie en probleemstelling,
    - opsporen, uitdagen en toetsen van cognities,
    - ontwikkelen van nieuwe cognitieve vaardigheden,
    - leren op een andere manier om te gaan met angst of onprettige emoties,
    - aanleren van nieuw gedrag,
    - eind- en tussendoelen stellen en huiswerkopdrachten,
    - positieve bekrachtiging.

Slotbedenking

Hoewel de groeiende belangstelling voor het gebruik van cognitieve gedragstherapie met kinderen en jongeren zeer welkom is, is het belangrijk te beseffen dat op dit vlak minder onderzoek is gedaan en dat de theoretische basis voor deze groep cliënten minder solide is dan voor volwassenen.

Therapie-effect studies

Er is tot nu toe betrekkelijk weinig goed onderbouwd onderzoek naar de behandeling van kinderen verricht. Een aantal van de eerste studies naar de effectiviteit van cognitieve gedragstherapie is uitgevoerd met vrijwilligers, die mogelijk minder problemen ondervonden dan cliënten (Weisz e.a., 1995). Er is in verhouding weinig evaluerend onderzoek uitgevoerd met klinische populaties waarbij ook comorbiditeit een rol kan spelen. Replicatie op andere locaties door andere behandel- en onderzoeksteams om de bredere toepasbaarheid van bepaalde CGT-interventies aan te tonen, is schaars. Er is betrekkelijk weinig gerandomiseerd gecontroleerd onderzoek uitgevoerd (Harrington e.a., 1998; Kazdin & Weisz, 1998), en de effectiviteit van CGT op de middellange en lange termijn is nog niet aangetoond (Graham, 1998). Over het algemeen wijzen de resultaten van gerandomiseerde gecontroleerde behandelingsstudies erop dat CGT effectiever is dan geen interventie (wachtlijstcontrolegroepen), maar het is nog niet consistent aangetoond dat CGT effectiever is dan andere psychotherapeutische interventies.

Vanuit ontwikkelingspsychologisch oogpunt adequate theoretische modellen

De theoretische onderbouwing van CGT en de diverse interventiemodellen is grotendeels gebaseerd op de behandeling van volwassenen. Hoewel deze modellen en technieken ook gebruikt worden voor kinderen en jongeren, is verder onderzoek nodig om te toetsen of ze wel geschikt zijn voor deze patiëntengroep. Op welke leeftijd ontwikkelen kinderen bijvoorbeeld vervormde cognities? En hebben kinderen met een posttraumatische stressstoornis dezelfde beleving als volwassenen?

Een van de uitgangspunten van de cognitieve gedragstherapie is dat interventies zijn gebaseerd op toetsbare theoretische modellen die het verband aangeven tussen gedragsmatige en emotionele problemen en cognitieve processen. De modellen die ontwikkeld zijn voor volwassenen, zijn geleidelijk aan ook in gebruik genomen voor kinderen. Daardoor is er tot nu toe weinig aandacht besteed aan de ontwikkeling van theoretische cognitieve modellen voor emotionele en gedragsmatige problemen bij kinderen en jongeren die ook vanuit ontwikkelingspsychologisch oogpunt adequaat zijn.

Vaststellen van veranderingen in cognitieve processen

Om veranderingen in gedrag en emoties te kunnen bewerkstelligen, moet CGT in staat zijn cognitieve processen te wijzigen (Spence, 1994). Hoewel het niet ondenkbaar is dat cognitieve interventies succesvol zijn zonder dat de psychopathologie een direct gevolg is van tekorten in cognitieve vaardigheden, is het toch belangrijk meer aandacht te geven aan de resultaten op het cognitieve vlak. Tot op heden heeft het onderzoek naar de effectiviteit van CGT zich met name gericht op gedragsmatige resultaten en zijn veronderstelde veranderingen in cognitieve processen zelden rechtstreeks geëvalueerd. Op basis hiervan concludeerden Durlak e.a. (1991) dat:

> het verontrustend zou zijn als bleek dat cognitieve variabelen, waarop de nadruk ligt in de cognitieve gedragstherapie, niet op de een of andere manier verband houden met de resultaten.

De uitdaging aan onderzoekers is nu om adequate methoden te ontwikkelen voor het evalueren van de cognities van kinderen. Het doel hiervan is een beter inzicht te krijgen in de tekorten en/of vervormingen die ten grondslag liggen aan psychische problemen bij kinderen en de vooronderstelling dat CGT veranderingen in cognitieve processen teweegbrengt te toetsen.

Afbakening van CGT bij kinderen

Een ander punt dat aandacht verdient, is de afbakening van het vakgebied en de noodzaak helderheid te krijgen over wat cognitieve gedragstherapie bij kinderen eigenlijk inhoudt. Zoals Graham (1998) al aangaf, wordt onder de noemer CGT een grote verscheidenheid aan technieken gebruikt en is het daardoor soms moeilijk vast te stellen wat nu de essentiële onderdelen van dergelijke behandelingen zijn. De meeste behandelprogramma's leggen de nadruk op gedragsmatige interventies en soms is de 'cognitieve' component zelfs nauwelijks te herkennen of blijft beperkt tot één specifieke techniek, zoals probleemoplossende zelfspraak. Het is twijfelachtig of behandelmethoden die zo sterk uiteenlopen, wel allemaal thuishoren onder de paraplu van de cognitieve gedragstherapie. Het gebrek aan specificiteit leidt tot verwarring, en de vraag of CGT een effectieve behandelvorm is zal onbeantwoord blijven totdat is vastgelegd wat de essentiële onderdelen van een CGT-behandeling zijn.

Verder onderzoek is nodig om:
- de effectiviteit van CGT op de lange termijn met klinische groepen aan te tonen,
- vanuit ontwikkelingspsychologische oogpunt adequate theoretische modellen te ontwikkelen,
- vast te stellen of veronderstelde veranderingen in cognitieve processen zich daadwerkelijk voordoen,
- te bepalen wat de essentiële onderdelen van CGT met kinderen zijn.

Samengevat betekent dit dat, hoewel de beschikbare onderzoeksresultaten erop wijzen dat CGT een belangrijke bijdrage kan leveren aan de behandeling van een grote verscheidenheid aan emotionele en gedragsmatige problemen, er meer goed onderbouwd onderzoek met klinische populaties nodig is. Het is belangrijk vanuit ontwikkelingspsychologisch oogpunt adequate cognitieve modellen te ontwikkelen die inzicht bieden in de emotionele en gedragsmatige problemen bij kinderen en adolescenten, en preciezer vast te leggen wat cognitieve gedragstherapie met kinderen inhoudt. Op basis daarvan kan dan ook worden vastgesteld welke 'specifieke onderdelen van CGT, aangeboden in welke volgorde of combinatie, welke veranderingen teweegbrengen op welk vlak' (Durlak e.a., 1991).

HOOFDSTUK 2
Cognitieve gedragstherapie met kinderen en jongeren

Cognitieve gedragstherapie met kinderen tot twaalf jaar

Een voorwaarde voor cognitieve gedragstherapie is dat de cliënt in staat moet zijn gedachten systematisch in kaart te brengen, kritisch te onderzoeken en vervolgens te komen tot alternatieve denkpatronen. Dit vereist een zekere mate van cognitieve rijpheid en inzicht en de cliënt moet in staat zijn abstracte opdrachten uit te voeren, zoals gebeurtenissen vanuit diverse invalshoeken bekijken of op verschillende manieren interpreteren. Over de vraag of kinderen al voldoende cognitieve vaardigheden hebben ontwikkeld om te kunnen 'denken over denken', lopen de meningen uiteen.

Hoewel hierover geen overeenstemming bestaat, wordt CGT toch vaak gebruikt bij jonge kinderen. Uit een overzichtsstudie van 101 studies naar de effectiviteit van CGT bleek dat bij 79 procent van de behandelingen kinderen jonger dan tien jaar betrokken waren (Durlak e.a., 1995). CGT is met succes gebruikt voor de behandeling van kinderen onder de zeven met uiteenlopende problemen, zoals encopresis (Ronen, 1993), enuresis (Ronen e.a., 1995), schoolweigering (King e.a., 1998), buikpijn (Sanders e.a., 1994), gegeneraliseerde angststoornissen (Dadds e.a., 1997; Silverman e.a., 1999a), fobieën (Silverman c.a., 1999b), seksueel misbruik (Cohen & Mannarino, 1996; Deblinger e.a., 1990) en gedragsproblemen bij peuters en kleuters (Douglas, 1998).

Hoewel CGT wel wordt gebruikt bij jonge kinderen, heeft onderzoek uitgewezen dat kinderen onder de negen jaar minder baat hebben bij deze behandelvorm dan oudere kinderen. Uit een meta-analyse van cognitieve gedragstherapie bij kinderen onder de dertien jaar bleek dat, hoewel CGT effectief is voor kinderen in alle leeftijdscategorieën, deze therapievorm minder effectief is bij jongere kinderen (Durlak e.a., 1991). Het is echter onduidelijk of de oorzaak hiervan is dat jongere kinderen nog onvoldoende cognitieve vaardigheden ontwikkeld hebben voor de technieken van CGT, of dat de behandelingen niet voldoende worden afgestemd op het niveau van het kind. Er is nog maar weinig onderzoek gedaan naar de manier waarop behandelingen worden aangepast aan jongere kinderen. Door de begrippen en technieken van CGT aan te passen en af te stemmen op het ontwikkelingsniveau van het kind, kunnen de problemen van CGT met jongere kinderen waarschijnlijk voor een deel worden ondervangen (Ronen, 1992).

CGT kan geraffineerd en complex zijn, maar voor een groot deel van de onderdelen is het voldoende als de cliënt logisch kan nadenken over concrete situaties en onderwerpen en is het minder belangrijk dat de cliënt abstract kan redeneren (Harrington e.a., 1998). Voor veel van de basisonderdelen van de cognitieve gedragstherapie is het cognitieve ontwikkelingsniveau dat kinderen over het algemeen bereiken tussen de zeven en twaalf jaar voldoende (Verduyn, 2000). Het materiaal moet echter wel op het juiste niveau worden aangeboden. Concrete technieken met duidelijke en eenvoudige instructies zijn geschikter voor jongere kinderen, terwijl adolescenten meestal wel meer gecompliceerde processen aankunnen, zoals het opsporen van disfunctionele veronderstellingen en cognitieve herstructurering.

De uitdaging van het werken met jongere kinderen is hoe je abstracte begrippen kunt vertalen in simpele, concrete, begrijpelijke voorbeelden en metaforen uit het dagelijks leven van het kind. Idealiter is CGT leuk, interessant en boeiend en worden de materialen en begrippen aangeboden op een niveau dat past bij de leeftijd (Young & Brown, 1996). Ronen (1992) heeft bijvoorbeeld bedacht hoe de begrippen automatische gedachten (iets doen zonder erover na te denken) en rationele gedachten (een bevel dat de hersenen naar het lichaam zenden) door middel van spel aan kinderen kunnen worden uitgelegd. In een spel met soldaten vergelijkt hij rationele gedachten met de manier waarop een commandant (de hersenen) bevelen geeft aan zijn soldaten (je lichaam). Om het begrip automatische gedachten uit te leggen, schildert hij samen met het kind een rivier. Hierbij kan het kind de rivier willekeurig laten stromen (automatische gedachten) of de stroom verleggen (rationele gedachten).

Door middel van beeldspraak kunnen abstracte begrippen op concrete wijze aan het kind worden uitgelegd. Voor een agressief kind kan het bijvoorbeeld nuttig zijn woede te vergelijken met een vulkaan die druk opbouwt en uitbarst. Het kind kan dan vervolgens gaan uitzoeken hoe je een vulkaanuitbarsting kunt voorkomen. Wat automatische gedachten zijn wordt duidelijk wanneer je ze vergelijkt met een cassettebandje in het hoofd van het kind, en storende gedachten kunnen op deze manier worden vergeleken met een videoband. Deze beelden kunnen vervolgens dienen als uitgangspunt bij de ontwikkeling van strategieën voor zelfcontrole. Het kind kan bijvoorbeeld leren automatische gedachten of storende gedachten onder controle te krijgen door de cassette of de video in gedachten uit te zetten.

Zelfs bij kinderen van vijf jaar wordt al beeldspraak gebruikt, zoals in de methode voor emotionele verbeelding van Lazarus en Abramovitz (1962), die werd gebruikt om angst voor het donker te overwinnen (Jackson & King, 1981; King e.a., 1998). Deze methode maakt gebruik van positieve helpende beelden om krachtige positieve emoties op te roepen, die tegengesteld zijn aan onprettige emotionele reacties, zoals angst of woede. Jackson en King (1981) gebruikten bijvoorbeeld het beeld van de stripheld Batman om een klein jongetje te helpen zijn angst voor het donker te overwinnen. Ook voor oudere kinderen is beeldspraak nuttig. Een grappig beeld, zoals iemand in gedachten een gekke hoed opzetten, kan helpen boosheid op te lossen wanneer iemand wordt gepest. Positieve helpende beelden zijn echter alleen effectief als ze zijn afgestemd op de leeftijd van het kind en aansluiten bij zijn of haar interesses en fantasieën (Rosenstiel & Scott, 1977).

- **CGT is geschikt voor kinderen vanaf zeven jaar.**
- **De behandeling moet aansluiten bij het cognitief ontwikkelingsniveau van het kind.**
- **De uitdaging voor de behandelaar is abstracte begrippen te vertalen in simpele, concrete voorbeelden uit het dagelijks leven waarin het kind zichzelf kan herkennen.**

Vaststellen of de basisvaardigheden voor CGT aanwezig zijn

Het is nog onduidelijk welke cognitieve vaardigheden minimaal nodig zijn voor CGT. Kinderen moeten in ieder geval gedachten kunnen rapporteren. Doherr e.a. (1999) noemen nog drie andere vaardigheden die kinderen moeten beheersen, namelijk gebeurtenissen op verschillende manieren kunnen interpreteren, onderscheid kunnen maken tussen verschillende emoties, en gedachten en gevoelens in verschillende situaties met elkaar in verband kunnen brengen.

- Gedachten kunnen rapporteren

Directe benadering: beschrijf wat je denkt

Een vraaggesprek kan een rijke bron van informatie zijn over de gedachten en zelfspraak van het kind (Hughes, 1988). Er zijn aanwijzingen dat zelfs kinderen van drie jaar in een vraaggesprek al informatie kunnen aandragen over hun gedachten (Hughes, 1988). De eenvoudigste manier om vast te stellen of het kind hiertoe in staat is, is te vragen 'waar denk je aan', of 'welke gedachten gingen er door je hoofd toen je me voor het eerst zag'. Sommige kinderen kunnen een serie gedachten onderscheiden en onder woorden brengen die gerelateerd is aan de cognitieve triade. Ze rapporteren bijvoorbeeld gedachten over hoe ze zichzelf zien ('Ik vind het raar van mezelf dat ik met jou zit te praten', 'Je zult me wel stom vinden omdat ik me dit zo aantrek'), over hoe oneerlijk de wereld is ('Ik kon niet naar voetbal omdat ik hierheen moest', 'Mijn moeder heeft een probleem. Praat maar met haar in plaats van met mij') of over de toekomst ('Volgens mij heeft het geen zin dat ik hier zit. Er verandert toch niets').

Sommige kinderen reageren op directe vragen echter met 'Ik weet het niet' of 'Ik dacht nergens aan'. Dit hoeft niet per se te betekenen dat het kind geen toegang heeft tot zijn of haar gedachten, maar betekent wel dat het zinniger is een andere, meer indirecte benadering te proberen.

Indirecte benadering: beschrijf een moeilijke situatie

Jongere kinderen vinden het vaak gemakkelijker om gedachten te rapporteren in verband met een moeilijke situatie die ze kortgeleden hebben meegemaakt. Help hen deze te beschrijven of er een tekening over te maken en let er tijdens het praten of tekenen op of ze niet alleen in staat zijn de gebeurtenis te beschrijven, maar ook kunnen aangeven wat ze erover dachten of hoe ze het beleefden. Om een beeld te krijgen van de zelfspraak van een kind, kan het nuttig zijn het kind te laten vertellen wat het op een bepaald moment dacht, zoals vlak voor, tijdens, of meteen na de gebeurtenis (Kendall & Chansky, 1991). Ook kan voorzichtig aftasten en suggesties doen tijdens het gesprek het kind helpen bij het rapporteren van gedachten, zoals duidelijk wordt uit onderstaand voorbeeld.

Mark van zeven heeft onlangs op school een kind geslagen, waarna hij en zijn ouders bij het schoolhoofd werden geroepen. Dit voorval werd tijdens onze zitting besproken en dat ging als volgt:

BEHANDELAAR:	Mark, kun je me iets vertellen over die ruzie op school?
MARK:	Luuk begon. He duwde me en toen gaf ik hem een klap. Ik moest bij het schoolhoofd komen en dat is alles.
BEHANDELAAR:	Hoe begon Luuk dan?
MARK:	Hij schold me uit.
BEHANDELAAR:	Scheldt hij je vaak uit?
MARK:	Nee.
BEHANDELAAR:	Waarom schold hij je uit, denk je?
MARK:	Ik weet het niet. Ik denk dat hij een hekel aan me heeft.
BEHANDELAAR:	Heeft hij alleen een hekel aan jou, of ook aan andere kinderen op school?
MARK:	Nee, alleen aan mij. De anderen vindt hij wel leuk.
BEHANDELAAR:	Heeft Luuk ook wel eens ruzie met anderen?
MARK:	Ja, hij heeft altijd ruzie.
BEHANDELAAR:	Vindt hij de anderen waarmee hij ruzie heeft wel aardig?
MARK:	Ik weet niet. Ik denk dat hij alleen een hekel aan mij heeft.
BEHANDELAAR:	Wat denk je dat er gebeurt als je Luuk weer tegenkomt?
MARK:	Hij geeft me een mep. Daarom zorg ik er voor dat ik hem eerst een mep geef.

Dit korte gesprek laat zien dat Mark zijn gedachten wel kan rapporteren. Hij denkt dat Luuk een hekel aan hem heeft en voorspelt dat Luuk hem weer gaat slaan.

Wat zou iemand anders denken?

Voor jongere kinderen is het soms moeilijk hun eigen cognities te achterhalen en te beschrijven, maar ze kunnen wellicht wel aangeven wat iemand anders denkt (Kane & Kendall, 1989). Met behulp van poppenkastpoppen en spelletjes kan een moeilijke situatie van het kind worden nagespeeld, en de behandelaar kan het kind tijdens het spel vragen te laten zien of te vertellen wat de poppen denken.

Een andere, meer gestructureerde methode is het kind een aantal mogelijkheden voor te leggen waaruit het kan kiezen. Dit is het principe van de Attributional Style Questionnaire (Fielstein e.a., 1985), een vragenlijst die bestaat uit twaalf scenario's. Het is hierbij de bedoeling dat het kind aangeeft door welke van de vier genoemde oorzaken (gebrek aan vaardigheid, inspanning, geluk of moeilijkheid van de opdracht) iedere situatie is ontstaan. Hoewel dit geen informatie geeft over de cognities van het kind zelf, geeft het wel inzicht in de manier waarop het kind de wereld om zich heen beleeft.

Denkwolkjes

Een andere non-verbale benadering is het kind stripverhaaltjes of plaatjes voorleggen en vervolgens vragen wat de mensen of figuurtjes denken. Deze methode is bedacht door Kendall en Chansky (1991) en wordt gebruikt in het 'Coping Cat-programma' bij de behandeling van angstige kinderen (Kendall, 1992). Het 'Coping Cat-programma' vraagt het kind bijvoorbeeld aan te geven wat een schaatser of een kind dat een worstje bakt op een barbecue zou kunnen denken.

Op basis van de materialen die voorhanden zijn, is deze methode eenvoudig aan te passen. De behandelaar kan het kind kan bijvoorbeeld vragen wat de kat en de muis in onderstaand plaatje denken.

- Een situatie of gebeurtenis op verschillende manieren interpreteren

Denkbeeldige situaties

Doherr e.a. (1999) hebben een serie eenvoudige, denkbeeldige situaties bedacht om vast te stellen of kinderen in staat zijn gebeurtenissen op verschillende manieren te interpreteren. Het kind krijgt een aantal situaties voorgelegd, die voor een deel gebaseerd zijn op scenario's van Greenberg en Padesky (1995). Bijvoorbeeld: 'Een kind in een speeltuin roept "hallo" naar een vriendje, maar zijn vriendje rent voorbij zonder op of om te zien.' Het kind moet vervolgens zo veel mogelijk verklaringen bedenken voor wat er gebeurde.

Dergelijke methodes worden ook wel gebruikt om de probleemoplossende vaardigheden van een kind te beoordelen. Een voorbeeld hiervan is de 'Preschool Interpersonal Problem-Solving Inventory', die bestaat uit een serie afbeeldingen van situaties. De bedoeling hiervan is dat het kind voor ieder dilemma zo veel mogelijk oplossingen bedenkt (Spivack & Shure, 1974). De 'Means Ends Problem-Solving Inventory' (Spivack e.a., 1976) is een soortgelijke methode om vast te stellen in welke mate het kind in staat is oplossingen te bedenken. Hierbij staan begin en eind van een verhaaltje op papier, en moet het kind zo veel mogelijk manieren bedenken waarop de afloop van het verhaal bereikt kan worden.

Striptekeningen

De behandelaar kan het kind een aantal plaatjes of stripverhaaltjes voorleggen. Het kind moet dan bedenken wat een van de figuurtjes allemaal zou kunnen denken, en zo veel mogelijk ideeën hierover tekenen of opschrijven. Bij het plaatje hieronder kan het kind bijvoorbeeld in de denkwolkjes opschrijven of tekenen wat het rechterpoppetje denkt.

Poppenkastpoppen en spel

Ook is het mogelijk een moeilijke situatie na te spelen. Tijdens het spel kan de behandelaar het kind dan aanmoedigen te vertellen wat de poppen of het andere speelgoed denken over wat er is gebeurd. Hierbij is het zaak rekening te houden met de leeftijd van het kind. Salmon en Bryant (2002) wijzen erop dat het voor peuters en kleuters moeilijk is een (poppenkast)pop voor zichzelf te laten spelen, omdat ze nog moeilijk kunnen bevatten dat de (poppenkast)pop zowel een ding (speelgoed) is als een symbool (uitbeelding van zichzelf).

- Emoties kunnen onderscheiden

    Affectieve educatie is een belangrijk element van veel cognitief-gedragsmatige behandelingen. Het doel hiervan is dat kinderen zich bewust worden van de verschillende gevoelens die ze hebben en deze van elkaar leren onderscheiden. Het is immers een voorwaarde voor cognitieve gedragstherapie dat kinderen gevoelens kunnen herkennen en rapporteren. Het is echter nog onduidelijk of deze vaardigheid al geheel of gedeeltelijk aanwezig moet zijn voor aanvang van de behandeling of zich ook tijdens de behandeling nog kan ontwikkelen.

    Er zijn allerlei materialen beschikbaar op het gebied van rollenspel, spelletjes en tekenen die kinderen kunnen helpen bij het opsporen en uiten van emoties (zie bijvoorbeeld Hobday & Ollier, 1998; Sunderland & Engleheart, 1993). Jonge kinderen kunnen hun gevoelens niet altijd verwoorden, maar vaak wel tekenen. Het is ook mogelijk dat ze slechts over één gevoel praten, zoals boosheid, maar dat bij zorgvuldig navragen blijkt dan dat er een 'boze boosheid' is en een 'verdrietige boosheid' of een 'bange boosheid'.

    Met behulp van een quiz of een spelletje is vast te stellen of het kind de gevoelens van anderen herkent. Het kind krijgt bijvoorbeeld een aantal plaatjes van mensen in verschillende gemoedstoestanden voorgelegd en een lijst met gevoelens, en moet vervolgens het bijpassende gevoel bij ieder plaatje uitkiezen. Of de behandelaar kan zelf emoties uitbeelden en het kind vragen de gevoelens te benoemen.

- Gedachten, gevoelens en gebeurtenissen

    Een puzzel of een quiz is ook hier weer een goed hulpmiddel om er achter te komen of een kind zich bewust is van de verschillende emoties die het ervaart in verschillende situaties. Het kind krijgt bijvoorbeeld een set gevoelskaarten (bang, blij, boos enzovoort) of maakt ze zelf en kiest vervolgens de kaart die het beste aangeeft hoe hij of zij zich voelt over verschillende situaties (eerste schooldag, spelen met mijn beste vriendje, een uitbrander krijgen enzovoort). Op deze manier kan het kind ook gevoelens koppelen aan verschillende gedachten (bijvoorbeeld: 'Ik doe het vast niet goed', 'Ik denk dat ik dit spelletje goed gespeeld heb', 'Ik verwacht dat mijn vriendjes me zullen plagen'). In plaats van de kaarten kun je hiervoor ook poppenkastpoppen gebruiken. Het kind moet dan beschrijven hoe de poppenkastpop zich voelt in verschillende situaties (bijvoorbeeld als hij gepest wordt of als hij uitgenodigd wordt voor een verjaardagsfeestje).

    Om baat te hebben bij CGT moeten kinderen:
    - **gedachten kunnen rapporteren,**
    - **een situatie op verschillende manieren kunnen interpreteren,**
    - **zich bewust zijn van verschillende emoties,**
    - **gedachten, gevoelens en gebeurtenissen met elkaar in verband kunnen brengen.**

    Voor verschillende leeftijdscategorieën zijn er verschillende manieren om vast te stellen of het kind over deze vaardigheden beschikt, zoals spelletjes, quizzen, poppenkastpoppen, tekenopdrachten en stripverhaaltjes.

Cognitieve gedragstherapie met adolescenten

Bij toepassing van CGT met adolescenten is inzicht in leeftijdsgebonden kwesties die invloed kunnen hebben op de behandeling van belang. Belsher en Wilkes (1994) noemen een aantal zaken waarmee de behandelaar rekening moet houden.

Accepteer het egocentrisme van de adolescent

Adolescenten zijn vaak egocentrisch en kunnen zich moeilijk in anderen verplaatsen. In plaats van het egocentrisme op zich aan te kaarten, is het vaak zinvoller om deze houding te onderkennen en te accepteren, en belangstelling te tonen voor het standpunt van de adolescent. Een dergelijke houding van de kant van de therapeut geeft de adolescent het positieve signaal dat zijn of haar standpunt wordt gehoord en gerespecteerd. Het is voor de adolescent een teken dat hij of zij belangrijk is en interessante persoonlijke opvattingen heeft, die de therapeut graag wil begrijpen. Wanneer de behandelaar geen rekening houdt met dit egocentrisme, bestaat de kans dat de adolescent dwars gaat liggen en steeds sterker het gevoel krijgt het eigen standpunt te moeten beargumenteren of verdedigen.

De behandelaar kan het gevoel van de adolescent dat deze zelf invloed heeft op het verloop van de behandeling versterken door regelmatig keuzes te bieden. Belsher en Wilkes (1994) opperen het idee adolescenten twee of drie versies van een opdracht aan te bieden waaruit ze kunnen kiezen. Voor het registreren van gedachten kan de behandelaar bijvoorbeeld de keus bieden uit een gestructureerd registratieformulier, een informeler gedachtedagboek, of een cassettebandje om gedachten op in te spreken. Het is dus de taak van de behandelaar verschillende mogelijkheden aan te bieden, waaruit de adolescent vervolgens een keuze maakt.

Maak werk van samenwerking

CGT is gebaseerd op samenwerking, hoewel kinderen en adolescenten zich vaak in een ondergeschikte positie bevinden ten opzichte van de volwassen behandelaar. Het is belangrijk het verschil in macht en status tussen de jeugdige cliënt en de behandelaar te onderkennen en bewust te streven naar een meer gelijkwaardige relatie.

De behandelaar moet de bereidheid uitstralen met de adolescent te willen samenwerken aan het oplossen van problemen die de adolescent zelf belangrijk vindt. De behandelaar geeft informatie en ondersteuning en biedt het kader waarbinnen de jeugdige cliënt door onderzoek inzicht kan krijgen in zijn of haar gedachten en gedrag en kan komen tot nieuwe manieren van denken en doen. Het samenwerkingsproces stimuleert de adolescent zelf na te denken over problemen en zelf met oplossingen te komen. De jeugdige cliënt speelt daarom een belangrijke rol bij het stellen van doelen en het nemen van beslissingen. Verder is het bevorderlijk voor de samenwerking als de behandelaar zich opstelt als pleitbezorger voor de adolescent en diens standpunten duidelijk maakt aan bijvoorbeeld ouders, verzorgers of leraren.

Blijf objectief

Hoewel de behandelaar van tijd tot tijd de rol van pleitbezorger voor de jeugdige cliënt op zich neemt, is het belangrijk dat hij of zij objectief blijft. Adolescenten zijn egocentrisch, hebben vaak een sterke eigen mening en vinden het moeilijk rekening te houden met het standpunt van een ander. Dit kan ertoe leiden dat de jeugdige cliënt de behandelaar onder druk zet om zijn of haar subjectieve mening te onderschrijven.

De behandelaar moet echter objectief blijven en streven naar een model van samenwerkend empirisme, waarbij de jeugdige cliënt wordt aangemoedigd de eigen overtuigingen te toetsen en te zoeken naar bewijzen die deze bevestigen dan wel tegenspreken. De behandelaar biedt de structuur waarbinnen de jeugdige cliënt veronderstellingen, overtuigingen en gedachten toetst en evalueert. Omdat aan veel psychische problemen cognitieve vervormingen ten grondslag liggen, is het niet ondenkbaar dat ook de manier waarop de adolescent omgaat met de uitkomst van de toetsing vertekend is. Dit kan tijdens de behandelsessies meteen worden aangepakt door de jeugdige te helpen andere verklaringen te bedenken en te onderzoeken, die dan ook weer getoetst kunnen worden.

Gebruik socratische vragen

Veel adolescenten en kinderen zijn er niet aan gewend dat het op prijs wordt gesteld wanneer ze actief deelnemen aan een discussie en hun meningen en ideeën uiten. Ze hebben soms het gevoel dat hun mening onbelangrijk of 'verkeerd' is en verwachten dat iemand ze vertelt wat ze moeten doen, omdat het meestal zo gaat. De socratische dialoog is een goede manier om dit patroon te doorbreken. Door deze gesprekstechniek wordt de jeugdige door middel van een serie vragen gestimuleerd zijn of haar overtuigingen te onderzoeken, te evalueren en uit te dagen.

De socratische dialoog is heel direct en specifiek en haakt vaak in op concrete gebeurtenissen. In plaats van in het algemeen te vragen: 'Wat is er gisteren op school gebeurd?', is het dus meer socratisch om te vragen: 'Wat dacht je dat Mark zou doen toen hij na de middagpauze op het schoolplein naar je toe kwam?'

Je kunt de adolescent stimuleren zich te uiten door aan een vraag een korte opmerking vooraf te laten gaan, zoals: 'Er zijn vast allerlei manieren om hiermee om te gaan... wat zou jij doen?' En dat niet overal een antwoord op is, kun je laten blijken door een opmerking als 'Ik kan niks bedenken... jij wel?' Door een opmerking van de jeugdige samen te vatten geef je niet alleen blijk van je interesse, maar kun je tegelijk vervormingen en inconsistenties blootleggen. Bijvoorbeeld: 'Ik wil even checken of ik je wel goed heb begrepen. Je zei zonet dat je geen vriendinnen hebt, maar ook dat Melanie je heeft uitgenodigd om een nachtje te blijven slapen. Is Melanie dan geen vriendin?'

Daag dichotoom denken uit

Alles-of-niets-denken komt veel voor bij adolescenten, en uit zich vaak in heftige schommelingen tussen de ene sessie en de andere. De ene keer is de adolescent depressief of angstig, terwijl hij of zij op de volgende sessie opgewekt of ontspannen is. Dergelijke heftige wisselingen kunnen verwarrend zijn en maken dat de behandelaar zich afvraagt of verdere behandeling nog wel nodig is. Het is inderdaad soms mogelijk in een betrekkelijk klein aantal zittingen een aanzienlijke en blijvende verbetering te bereiken met kinderen en jongeren, maar het komt ook voor dat er ogenschijnlijk een verbetering optreedt, die echter van korte duur is en een weerspiegeling blijkt te zijn van het dichotoom denken van de adolescent.

Beoordelingsschalen zijn een nuttig instrument voor het uitdagen van dichotoom denken, want ze laten de adolescent zien dat er allerlei tussenstadia zijn tussen twee uitersten. Het is echter vaak wel nodig om hier eerst mee te oefenen, bijvoorbeeld door de adolescent gebeurtenissen een cijfer te laten geven of op een bepaalde manier te laten ordenen. Beoordelingsschalen zijn te gebruiken voor het meten van de intensiteit van gevoelens, het geloof in gedachten en de mate van verantwoordelijkheid of schuld die iemand ervaart.

Belsher en Wilkes (1994) geven tot slot aan dat het taalgebruik van de behandelaar hierbij belangrijk is. Spreken over 'goed' of 'fout' suggereert een tweedeling, terwijl de woorden 'beter' of 'slechter' verwijzen naar een continuüm.

Betrek belangrijke anderen erbij

Adolescenten maken deel uit van een complex sociaal systeem waarin familieleden, verzorgers, vrienden, vriendinnen en de school een grote rol spelen. Het is belangrijk dit te onderkennen en anderen eventueel bij de behandeling te betrekken, omdat adolescenten vaak niet in staat zijn te beslissen over dingen die hen aangaan. Zo kan een adolescent die op school oefent met het hanteren van woede, toestemming van de leraar nodig hebben om het klaslokaal te verlaten wanneer hij of zij boos wordt. Verder kan de aanwezigheid van belangrijke anderen (ouders, broers, zusjes, vrienden of vriendinnen) bij de sessies de jeugdige helpen de problemen vanuit een andere gezichtspunt te bekijken en daardoor de eigen cognities te toetsen en te herzien.

- **Accepteer het egocentrisme van de adolescent.**
- **Maak werk van samenwerking.**
- **Blijf objectief.**
- **Gebruik socratische vragen.**
- **Daag dichotoom denken uit.**
- **Betrek belangrijke anderen erbij.**

Veelvoorkomende problemen bij cognitieve gedragstherapie met kinderen en adolescenten

Kinderen die niets zeggen

CGT met kinderen is over het algemeen minder didactisch dan met volwassenen, en kinderen nemen tijdens de behandelsessies vaak een passievere houding aan en luisteren meer. Hoewel dit een grotere inbreng vraagt van de behandelaar, wil het niet noodzakelijkerwijs zeggen dat de behandeling niet effectief is. Wel is het bij het werken met kinderen uiterst belangrijk dat de materialen zo worden aangepast dat ze voor het kind toegankelijk zijn. Bij kinderen die weinig zeggen is het nuttig meer gebruik te maken van non-verbale materialen; kinderen spreken hun gedachten en gevoelens dan vaak uit terwijl ze aan het spelen en tekenen zijn. Ook het gebruik van media zoals het schoolbord en de flap-over kunnen de belangstelling van het kind wekken en ervoor zorgen dat het meer gaat meedoen.

Maar ondanks de creatieve inzet van materialen blijven kinderen soms toch zwijgen tijdens de sessies of geven ze vage, nietszeggende antwoorden op vragen en suggesties. In dat geval kun je een meer retorische benadering proberen, waarbij jij hardop raadt wat het antwoord van het kind op jouw vraag zou kunnen zijn. En als het kind het moeilijk vindt om over zichzelf te praten, kun je bijvoorbeeld praten over iemand anders die dezelfde soort problemen heeft, of de problemen naspelen met poppenkastpoppen of in een rollenspel. Vaak komt het kind daardoor wel los. Ten slotte kan het nuttig zijn van omgeving te veranderen. In plaats van in de praktijk te blijven, kun je bijvoorbeeld ergens koffie gaan drinken of een eindje gaan wandelen en kijken of de jeugdige cliënt daardoor wat spraakzamer wordt.

Onwillige klanten

Kinderen gaan over het algemeen niet zelf op zoek naar psychologische hulp, maar worden gewoonlijk gestuurd door ouders, verzorgers, leraren, of hulpverleners die zich zorgen maken. De kinderen delen deze zorgen niet altijd of zien zelf helemaal geen problemen waarvoor ze hulp nodig zouden hebben.

De samenwerking tussen behandelaar en cliënt is een belangrijk aspect van CGT. Als het kind zelf geen doelen ziet om naar te streven of veranderingen om naar toe te werken, dan is het de vraag of CGT wel nut heeft. Hier moet je echter wel voorzichtig mee omgaan, want het is best mogelijk dat het kind niet in staat is doelen te stellen vanwege de ervaringen die het tot nu toe heeft gehad ('Het is altijd al zo geweest en zal altijd wel zo blijven'). Door samen te zoeken naar realistische andere mogelijkheden, gaat het kind misschien inzien dat het wel degelijk mogelijk is de situatie te veranderen. Ook een gebrek aan motivatie, zoals bijvoorbeeld bij depressieve kinderen, kan leiden tot weerstand en hopeloosheid. In dergelijke gevallen kan een motiverend vraaggesprek helpen het kind zo ver te krijgen het in ieder geval een keer te proberen met CGT (Miller & Rollnick, 1991). Een motiverend vraaggesprek maakt gebruik van therapeutische basisvaardigheden (zoals empathie, positieve houding ten opzichte van de cliënt, actief luisteren) en cognitief-gedragsmatige interventies (zoals positieve herstructurering) om de bereidheid tot verandering bij de cliënt te stimuleren. Het kind wordt hierbij aangemoedigd te vertellen wat het ergens van vindt of hoe het bepaalde situaties beleeft, terwijl de behandelaar selectief let op eventuele signalen van motivatie en deze bekrachtigt. De behandelaar vat deze signalen vervolgens samen en legt ze weer aan het kind voor.

Geen verantwoordelijkheid voor verandering

Soms werken kinderen en jongeren er wel aan mee om het probleem af te bakenen en streefdoelen vast te stellen, maar voelen ze zich niet verantwoordelijk voor het bereiken van de doelen. Dit kan wel eens terecht zijn, maar het komt ook voor dat het kind problemen beschouwt als de natuurlijke gang van zaken ('Zo ben ik nu eenmaal, ik ben gewoon zo geboren') of toeschrijft aan externe factoren waarop het geen invloed denkt te hebben. Zo kan een adolescent die regelmatig problemen heeft op school dit bijvoorbeeld extern toeschrijven aan een oneerlijke bejegening door de leraren ('Als de leraren niet zo de pik op me hadden, dan had ik geen problemen'). Of dit echt zo is, of dat het ligt aan vervormde gedachten of een vertekend beeld bij het kind, moet dan later worden vastgesteld. Wil een CGT-behandeling zin hebben, dan moet de jeugdige cliënt echter wel bereid zijn minstens zijn of haar eigen rol hierin onder de loep te nemen.

De rol van de ouders

Er zijn steeds meer aanwijzingen dat het voordelen heeft de ouders te betrekken bij CGT met kinderen (Barrett e.a., 1996; King e.a., 1998; Toren e.a., 2000). De rol die ouders spelen bij de CGT-behandeling kan variëren van ondersteuner of cotherapeut tot cliënt. De belangrijkste taak van de ouder in de ondersteunende rol is het kind in staat stellen de vaardigheden die het tijdens de sessies heeft geleerd, thuis toe te passen. In deze rol helpen ouders hun kind moeilijke situaties in kaart te brengen en stimuleren ze het thuis nieuwe vaardigheden te oefenen en opdrachten uit te voeren. Als co-therapeut speelt de ouder een actievere rol. De ouder geeft het kind in dit geval opdracht om bepaalde cognitieve vaardigheden te gebruiken en zorgt voor registratie en evaluatie. Verder bekrachtigt de ouder het gedrag van het kind en werkt met het kind samen aan het plannen en uitvoeren van opdrachten. In beide gevallen is de behandeling gericht op het kind en helpen de ouders mee de psychische problemen van het kind te reduceren.

Ten slotte kunnen ouders ook zelf als cliënt bij de behandeling betrokken zijn. Ze leren dan nieuwe vaardigheden (bijvoorbeeld gedragshantering) of omgaan met hun eigen problemen (bijvoorbeeld angsthantering). Dit model wordt aanbevolen door Barrett (1998), die een systemisch model beschrijft waarbij ouders en kinderen samen een 'team van deskundigen' vormen. Ouders leren hierbij omgaan met lastig gedrag en met hun eigen emoties en ze worden getraind in communicatieve en probleemoplossende vaardigheden. Cobham, Dadds en Spence (1998) beschrijven een interventie waarin een CGT-behandeling voor angst bij het kind parallel loopt aan een programma voor behandeling van angst bij de ouders. De ouders leren wat het effect van hun eigen gedrag is op de ontwikkeling en instandhouding van de problemen van hun kind en hoe ze kunnen omgaan met hun eigen angst.

Het is belangrijk dat er aan het begin van de behandeling duidelijke afspraken worden gemaakt over de rol die de ouders in de behandeling gaan vervullen, waarbij tegelijk aangegeven wordt op welke manier en hoe intensief ze erbij betrokken zullen zijn.

Samenwerken met het kind of met de ouder/verzorger?

Een meer fundamentele vraag rondom de rol van de ouders bij de behandeling betreft het samenwerkingsproces. Wie is de primaire cliënt: het kind of de ouder? Deze vraag kan een bron van spanningen zijn, omdat kinderen soms andere eind- en tussendoelen stellen dan hun ouders. Wiens agenda bepaalt dan de behandeling? Wanneer de behandelaar overweegt de agenda van de ouder of andere volwassene te volgen, komt er een ethische kwestie om de hoek kijken: zijn de doelen gericht op het belang van het kind of beogen ze dat het kind zich aanpast (Royal College of Psychiatry, 1997)?

Het is hierin de taak van de behandelaar te luisteren naar en belangstelling te tonen voor de verschillende standpunten en tegelijkertijd onbevooroordeeld, objectief en onpartijdig te blijven. Door van tijd tot tijd te benadrukken wat het uiteindelijke doel van de behandeling is, namelijk de psychische onlust van het kind of de adolescent verminderen, kan de behandelaar voorkomen dat het gesprek afdwaalt en tegelijk aangeven dat een doel vaak op verschillende manieren te bereiken is. Wanneer de behandeling in eerste instantie inhaakt op de agenda van het kind of de adolescent zelf, is dat voor de jeugdige cliënt een krachtig signaal dat zijn of haar mening er toe doet en dat hij of zij een sleutelrol speelt in het bereiken van de verandering. Dit gevoel dat de jeugdige zelf invloed heeft op het proces kan verder worden versterkt door het stellen van realistische en haalbare doelen, die op de korte termijn resultaat opleveren. Ten slotte wordt door middel van de voortgangscontrole gekeken of er veranderingen optreden, waarna de doelen van zowel kind als ouders worden geëvalueerd en in overleg een nieuw doel wordt bepaald. Deze aanpak blijkt goed te werken en laat vaak zien dat de positieve veranderingen die bereikt worden door de agenda van het kind te volgen, ook een positieve uitwerking hebben voor de doelen van de volwassene.

In sommige gevallen is het ook mogelijk dat de behandelaar kind en ouders helpt samen het behandeldoel te bepalen. Het behandelprotocol van March e.a. (1994) voor dwangstoornissen laat bijvoorbeeld zien hoe kind en ouders er samen aan kunnen werken de obsessies van het kind de baas te worden. Hierbij geeft het kind de dwang een onprettig klinkende naam en leert het hoe het de dwang kan commanderen op te houden. De ouders leren de dwangstoornis los van hun kind te zien als een ziekte die het kind met hun hulp kan overwinnen.

Ernstig disfunctionerende gezinnen

De dynamiek binnen een gezin is complex en het kan soms gebeuren dat kinderen onterecht verantwoordelijk worden gesteld voor alle problemen binnen het gezin. In dergelijke situaties heeft CGT geen zin als er geen aandacht wordt besteed aan de verdere gezinsproblematiek. Ook als de vermeende cognitieve tekorten of vervormingen bij het kind een weerspiegeling blijken te zijn van beperkte ouderschapsvaardigheden of inadequate opvattingen van de ouders, is individuele CGT niet de aangewezen behandelmethode en zal waarschijnlijk ook niet effectief zijn (Kaplan e.a., 1995). Het is belangrijk dat de behandelaar grondig nagaat of opmerkingen van het kind zoals: 'Mijn ouders vinden alles wat ik doe verkeerd', inderdaad uiting zijn van een cognitieve vervorming bij het kind of dat ze wijzen op een disfunctioneel gezin. Dit bepaalt de keus voor individuele CGT of een meer systemische aanpak.

Problemen met het rapporteren van gedachten

Kinderen en jongeren vinden het vaak moeilijk gedachten op te sporen en onder woorden te brengen, met name als antwoord op rechtstreekse vragen. Maar als de behandelaar zorgvuldig luistert, blijkt dat overtuigingen, veronderstellingen en interpretaties wel degelijk naar voren komen tijdens een gesprek. In dergelijke gevallen is het vaak nuttig wanneer de behandelaar optreedt als de door Turk (1998) beschreven 'gedachtevanger', die belangrijke cognities identificeert wanneer ze geuit worden en deze onder de aandacht brengt van de jeugdige cliënt. De behandelaar kan het gesprek onderbreken en de aandacht van de jeugdige cliënt vestigen op de cognities die hij of zij zojuist onder woorden heeft gebracht, of de cognities bewaren en op een later tijdstip samenvatten. De behandelaar kan bijvoorbeeld luisteren naar de beschrijving die het kind geeft van een recente moeilijke situatie en dan de belangrijkste gevoelens en daarmee samenhangende gedachten die het kind daarbij genoemd heeft recapituleren.

Kinderen en jongeren halen gedachten en gevoelens vaak door elkaar. Belsher en Wilkes (1994) wijzen daarom op het belang van wat zij noemen 'de jacht op het affect'. Zij raden aan tijdens behandelsessies speciaal te letten op veranderingen in emoties. De behandelaar maakt het kind hierop attent, om erachter te komen wat de achterliggende cognities zijn (bijvoorbeeld: 'Het lijkt of je aan iets denkt waar je boos van wordt'). Kinderen hebben er ook dan nog vaak hulp bij nodig om hun cognities te ontdekken. De behandelaar kan hiervoor gebruikmaken van de socratische dialoog of een lijstje met mogelijkheden waarmee de jeugdige cliënt al dan niet kan instemmen. Door observatie en zorgvuldig navragen helpt de behandelaar het kind de cognities achter de emoties te ontdekken en onder woorden te brengen.

Niet uitvoeren van huiswerkopdrachten

CGT is een actief proces waarvoor de informatie met name buiten de behandelsessies verzameld moet worden. Hoewel sommige kinderen en adolescenten geïnteresseerd zijn en graag thuis opdrachten willen uitvoeren, voelen andere hier juist niets voor en komen herhaaldelijk zonder materiaal terug. Het is belangrijk dit onderwerp open met de jeugdige te bespreken. Het nut van de opdrachten moet duidelijk zijn en jeugdige en behandelaar moeten het er over eens worden of de jeugdige wel opdrachten buiten de sessies kan uitvoeren en, zo ja, hoeveel. Woordkeus is hierbij belangrijk. Gebruik het woord 'huiswerk' liever niet voor opdrachten en experimenten buiten de sessies, want dat heeft voor veel kinderen een negatieve klank. Verder is het belangrijk de juiste vorm de vinden voor een opdracht. Sommige kinderen hebben bijvoorbeeld geen zin om een gedachtedagboek op papier bij te houden, maar vinden het wel leuk om dit op de computer te doen. En sommige jongeren zijn meer gemotiveerd om hun gedachten naar je te e-mailen, terwijl andere liever iets inspreken op een bandje.

Het is niet essentieel voor de behandeling dat de cliënt thuisopdrachten uitvoert. De ervaringen, gedachten en gevoelens van kinderen die niet in staat zijn deze zelf te registreren, kunnen ook tijdens de behandelsessie worden opgetekend. Het kind kan bijvoorbeeld vertellen over een moeilijke situatie die kortgeleden heeft plaatsgevonden, terwijl de behandelaar vragen stelt en zoekt naar de gedachten en gevoelens bij de gebeurtenis.

Beperkte cognitieve of mondelinge vaardigheden

CGT vereist een bepaald basisniveau van cognitieve en mondelinge vaardigheden en geheugensvaardigheden. Voor kinderen met een ontwikkelingsstoornis is CGT daarom niet altijd geschikt. Het is echter wel belangrijk om na te gaan of de cognitieve vaardigheden van het kind echt ontoereikend zijn of dat de cognitieve opdrachten niet voldoende op het niveau van het kind zijn afgestemd.

Door informatie in meer visuele vorm aan te bieden, het taalgebruik te vereenvoudigen en abstracte begrippen in concretere vorm te gieten, wordt een CGT-behandeling ook haalbaar voor kinderen met leerproblemen (Whitaker, 2001). Geheugenproblemen zijn te ondervangen door visuele geheugensteuntjes. Een kind dat leert het beeld van een stoplicht te gebruiken bij het oplossen van problemen (rood, stop en denk na; oranje, bedenk een plan; groen, probeer het uit) kan hiervoor als geheugensteuntje op school bijvoorbeeld gekleurde plakbandjes om zijn of haar pen wikkelen. Ook is het mogelijk een taak te vereenvoudigen door het aantal beslismomenten terug te brengen. Het kind kan bijvoorbeeld leren om 'ertussenuit te knijpen' wanneer het op het punt staat boos te worden, in plaats van een meer complexe serie reacties aan te leren.

Korte duur van de behandeling

Kinderen en adolescenten zijn vaak gericht op het oplossen van problemen op de korte termijn. Over het algemeen zijn ze meer geïnteresseerd in het oplossen van dringende problemen in het hier en nu dan in resultaten op de langere termijn. Daarom ligt bij kinderen en jongeren meer nadruk op het ondersteunen en ontwikkelen van cognitieve probleemoplossende vaardigheden dan op onderliggende schema's of overtuigingen.

Meestal wordt er minder aandacht besteed aan abstracte en complexe zaken, zoals de subtiele verschillen tussen de diverse soorten cognitieve vervormingen. Kinderen en adolescenten willen hun problemen graag begrijpen binnen een cognitief kader en meer adequate cognitieve en gedragsmatige vaardigheden aanleren om met hun problemen te kunnen omgaan. Doordat de nadruk vooral ligt op problemen in het hier en nu, is een CGT-behandeling bij kinderen doorgaans veel korter dan bij volwassenen. Hoewel er wel CGT-behandelprogramma's voor kinderen zijn die twaalf tot zestien sessies beslaan, blijkt de behandelduur in de praktijk vaak een stuk korter te zijn. Een behandeling van zes zittingen, of zelfs nog minder, kan al voldoende zijn om een wezenlijke verandering te bewerkstelligen. Veel therapeuten voelen zich hierdoor van hun stuk gebracht en ze vragen zich af of er wel echt sprake is van CGT. Dit is heel begrijpelijk en brengt ons weer bij de vraag aan het einde van het eerste hoofdstuk wat CGT met kinderen nu eigenlijk inhoudt. Het cognitieve element van veel CGT interventies is uiterst beperkt en bestaat vaak uit het ontwikkelen van één bepaalde cognitieve strategie. Zolang nog niet vaststaat wat de essentiële werkzame elementen van CGT met kinderen zijn, zal de behandelaar blijven twijfelen over de juistheid van de behandelmethode.

Veelvoorkomende problemen bij CGT met kinderen en adolescenten zijn:
- kinderen die niets zeggen,
- 'onwillige klanten',
- geen verantwoordelijkheid voor verandering,
- vaststellen van de rol van de ouders,
- ernstig disfunctionele gezinnen,
- met wie moet de behandelaar samenwerken,
- problemen met het rapporteren van gedachten,
- niet uitvoeren van huiswerkopdrachten,
- beperkte cognitieve/mondelinge vaardigheden,
- korte duur van de behandeling.

HOOFDSTUK 3
Denk goed – voel je goed: materialenoverzicht

Denk goed – voel je goed is een verzameling materialen waarin de begrippen en strategieën van CGT zijn bewerkt voor gebruik met kinderen en adolescenten. Drie stripfiguren helpen kinderen en jongeren de principes van cognitieve gedragstherapie te begrijpen, hun cognities te onderzoeken en te toetsen en alternatieve cognitieve en gedragsmatige vaardigheden aan te leren. Denkspeurder helpt bij het opsporen van gedachten, Voelspriet bij het vinden van gevoelens en Aanpakker bij het veranderen van gedrag. Deze figuren zijn met name geschikt voor jongere kinderen, die het soms gemakkelijker vinden om gedachten en gevoelens te overdenken en te beschrijven via een derde persoon. Bij adolescenten kan men gewoonlijk beter de nadruk leggen op de materialen zelf en minder op de stripfiguren.

Denk goed – voel je goed is niet bedoeld als kant-en-klaar pakket. Het is niet een standaardcursus van tien sessies en ook geen compleet CGT-programma, maar een collectie materialen die flexibel kunnen worden gebruikt, afhankelijk van de behoeften van het kind en de aard van de problemen. De materialen laten zien hoe de principes van CGT op prettige, eenvoudige en begrijpelijke wijze duidelijk gemaakt kunnen worden.

Denk goed – voel je goed bevat educatief materiaal met bijbehorende oefeningen over de volgende onderwerpen:
1 kennismaking met CGT,
2 automatische gedachten,
3 veelvoorkomende cognitieve vervormingen,
4 cognitieve herstructurering en evenwichtig denken,
5 kernovertuigingen,
6 ontwikkelen van nieuwe cognitieve vaardigheden,
7 gevoelens identificeren,
8 strategieën voor het hanteren van nare gevoelens,
9 ideeën voor gedragsverandering,
10 methoden voor probleemoplossing.

Ieder onderwerp wordt ingeleid door een concrete en begrijpelijke samenvatting van de belangrijkste aandachtspunten. Illustraties en praktijkvoorbeelden helpen om de materialen te laten aansluiten bij onderwerpen en problemen waarmee het kind vertrouwd is. De samenvatting kan worden gekopieerd en aan het kind worden uitgereikt, of worden gebruikt om de behandelsessie te structureren. De behandelaar kan dan die aspecten die het meest relevant zijn voor het betreffende kind er uitpikken en extra aandacht geven.

Ieder hoofdstuk bevat een aantal werkbladen waarmee het kind de informatie kan toepassen op zijn of haar persoonlijke problemen. De werkbladen verschillen qua complexiteit; die met een lachend gezichtje erop zijn speciaal geschikt voor jongere kinderen. De werkbladen laten zien hoe kinderen aan de slag kunnen gaan met de principes van CGT. Het is de bedoeling dat de behandelaar ze naar eigen inzicht gebruikt en aanpast.

Gedachten, gevoelens en wat je doet (hoofdstuk 4)

Samenvatting

Dit hoofdstuk biedt een kennismaking met de cognitieve gedragstherapie en legt uit hoe gedachten, gevoelens en gedrag met elkaar samenhangen. Verschillende soorten gedachten (automatische gedachten en kernovertuigingen) komen aan bod, en het wordt duidelijk welke rol veronderstellingen spelen en welk effect positieve en negatieve gedachten hebben op gevoelens en gedrag. Verder bevat dit hoofdstuk een uitleg van de negatieve cirkel, waarin negatieve gedachten onprettige gevoelens produceren die op hun beurt gedrag belemmeren of verhinderen.

- **Psycho-educatie.**
- **Kennismaking met de basiselementen gedachten, gevoelens en gedrag.**

Werkbladen

Met behulp van *De magische cirkel* en *De negatieve cirkel* leert het kind gedachten te registreren en het verband te zien tussen gedachten, gevoelens en gedrag. De magische cirkel kijkt naar een prettige situatie en achterhaalt wat het kind in die situatie denkt en doet. De negatieve cirkel onderzoekt juist moeilijke situaties. Het voorbeeld hieronder laat zien hoe dit werkblad werd ingevuld met achtjarige Anne, die erg angstig werd wanneer ze naar school moest. Tijdens het gesprek werden haar gedachten, haar gevoelens en wat ze deed geïdentificeerd en genoteerd in de volgende samenvatting.

Wat ik denk
'Heb ik alles?'
'Wat ben ik vergeten?'
'Juf wordt vast boos'
'De anderen lachen me uit'
'Ik voel me niet lekker'

Anne loopt naar school

Wat ik doe
Huilen
Stilstaan
Wil de klas niet in
Ren de school uit

Hoe ik me voel
Bang/bezorgd
Trillerig
Zweterig
Bonzend hart

Wanneer de magische cirkel en de negatieve cirkel met elkaar worden vergeleken, komt duidelijk naar voren dat gedachten verschillende gevoelens produceren en een positieve of negatieve invloed hebben op gedrag. Ten slotte is het onderdeel over gevoelens, afhankelijk van het kind, onder te verdelen in gevoelens (emoties) en lichamelijke veranderingen (fysiologische reacties). Dit is vooral nuttig voor kinderen die hun emotionele reacties zien als teken van lichamelijke ziekte.

De *Als ... dan-quiz* is een manier om een aantal van de veronderstellingen van het kind te ontdekken en *Wat ik denk, wat ik doe of hoe ik me voel* maakt het onderscheid tussen de drie basiselementen van het CGT-model duidelijk. De behandelaar kan beide werkbladen bewerken en aanpassen aan het kind door de belangrijkste thema's die tijdens de diagnostische fase naar voren zijn gekomen erin te verwerken.

Automatische gedachten (hoofdstuk 5)

Samenvatting

Dit hoofdstuk legt uit wat automatische gedachten zijn door ze te vergelijken met een cassettebandje in het hoofd van het kind. De cognitieve triade (gedachten over mezelf, wat ik doe en mijn toekomst) wordt geïntroduceerd en dient als hulpmiddel om te achterhalen waarop de gedachten van het kind zich richten. Het wordt duidelijk waarom automatische gedachten zo aannemelijk lijken en welke uitwerking positieve en negatieve automatische gedachten hebben op gevoelens en gedrag. Ten slotte wordt uitgelegd waarom het zo belangrijk is 'brandende' gedachten, die sterke emotionele reacties opwekken, op te sporen.

- **Kennismaking met automatische gedachten en de cognitieve triade.**
- **Gedachten registreren en identificatie van veelvoorkomende negatieve gedachten.**

Werkbladen

Voor oudere kinderen is het dagboekformulier *Gedachten en gevoelens* een nuttige structuur om 'brandende' gedachten te noteren en te relateren aan emotionele reacties. Als het bijhouden van een dergelijk dagboek thuis niet mogelijk is, is *Mijn 'brandende' gedachten* een manier om de gedachten die het kind het vaakst heeft over zichzelf, over wat hij of zij doet en over de toekomst tijdens de behandelsessie op te sporen. Voor sommige kinderen werken gestructureerde dagboeken en oefeningen goed, terwijl andere kinderen juist behoefte hebben aan een wat vrijere aanpak. Verschillende mogelijkheden daarvoor zijn: het kind stimuleren zijn of haar eigen dagboek bij te houden op de computer, 'brandende' gedachten naar de behandelaar te mailen, 'je hoofd downloaden' op een cassettebandje of gewoonweg opkomende gedachten te 'vangen'.

Voor jongere kinderen is er een serie *Denkwolkjes* die verband houden met de cognitieve triade. Op deze werkbladen kan het kind een tekening maken van een aantal fijne of nare gedachten die het over zichzelf heeft of deze gedachten opschrijven. Dat kunnen bijvoorbeeld fijne gedachten over wat het kind doet of piekergedachten over de toekomst. Ook deze denkwolkjes zijn weer zo aan te passen dat ze aansluiten bij belangrijke thema's die de behandelaar is tegengekomen. Als jonge kinderen het moeilijk vinden om hun gedachten onder woorden te brengen, dan kunnen hun ouders eventueel aangeven wat voor soort gedachten hun kind zou kunnen hebben.

Voor kinderen die het moeilijk blijven vinden gedachten te rapporteren, kan *Wat denken ze?* nuttig zijn. Op deze werkbladen kan het kind aangeven wat verschillende figuurtjes op een afbeelding denken, of twee of drie mogelijke gedachten van één figuurtje opnoemen. Op deze manier is vast te stellen of het kind in staat is cognities te identificeren en onder woorden te brengen en het kind maakt tevens kennis met het beschrijven van gedachten.

Denkfouten (hoofdstuk 6)

Samenvatting

Het begrip 'cognitieve vervormingen' wordt geïntroduceerd als denkfouten waardoor je een vertekend beeld krijgt van wat er gebeurt. Door cognitieve vervormingen zie je positieve gebeurtenissen over het hoofd of je bagatelliseert ze. Het kind maakt kennis met zes meest voorkomende soorten denkfouten. 'Pretbedervers' zijn denkfouten waarbij je de nadruk legt op negatieve gebeurtenissen, terwijl je alles wat positief is over het hoofd ziet (selectieve abstractie, diskwalificatie van het positieve). Met 'dingen opblazen' overdrijf je het belang van negatieve gebeurtenissen (dichotoom denken, overschatting, overgeneralisatie). 'Mislukking voorspellen' leidt ertoe dat je verwacht dat er iets naars gaat gebeuren (willekeurige gevolgtrekking). Bij 'gevoelde gedachten' krijgen emoties de overhand en wordt het denken vertroebeld (emotioneel redeneren), en bij 'aansturen op een mislukking' stel je jezelf onhaalbare doelen (onrealistische verwachtingen). Met de denkfout 'mijn schuld' neem je ten slotte automatisch de schuld op je voor negatieve gebeurtenissen (personalisatie).

- **Beschrijving van de soorten cognitieve vervormingen.**
- **Registratie van gedachten en identificatie van veelvoorkomende cognitieve vervormingen.**

Werkbladen

Denkfouten opsporen is een werkblad dat het kind helpt de vinger te leggen op negatieve gedachten en te achterhalen welke soorten cognitieve vervormingen het vaak maakt. Ook dit kan weer worden aangepast aan het kind. En mocht het niet lukken om opdrachten buiten de behandelsessie te laten uitvoeren, dan kan dat ook tijdens de sessie. Het kind leert te werken met een beoordelingsschaal en wordt gestimuleerd negatieve gedachten op te sporen, de mate waarin hij of zij daar geloof aan hecht een cijfer te geven en dit te noteren in een dagboek. De volgende dag wordt het dagboek verder ingevuld; de gedachten worden nogmaals onder de loep genomen, denkfouten worden opgespoord en het geloof in de gedachten krijgt weer een cijfer. Cijfers geven is een manier om de alles-of-niets-gedachten die veel kinderen hebben, uit te dagen en aan te tonen dat overtuigingen met de tijd kunnen veranderen.

Welke denkfouten maak jij? is een korte vragenlijst met betrekking tot de zes soorten vervormingen waar het kind in de inleiding mee heeft kennisgemaakt. Op deze manier is snel vast te stellen welke soorten cognitieve vervormingen het kind maakt en welke bij hem of haar het vaakst voorkomen.

Evenwichtig denken (hoofdstuk 7)

Samenvatting

De jeugdige cliënt maakt kennis met het controleren en toetsen van negatieve gedachten. De bedoeling hiervan is dat het kind controleert of het geen bewijsmateriaal over het hoofd heeft gezien en nagaat of bepaalde gedachten evenwichtig en niet vertekend zijn. Dit gebeurt aan de hand van een aantal concrete stappen: bewijzen verzamelen die de gedachten bevestigen dan wel tegenspreken, bedenken wat iemand anders ervan zou zeggen en controleren op denkfouten. Het kind is hiermee aangeland bij de laatste fase van de cognitieve herstructurering, de fase waarin het op basis van alle bewijsmateriaal tot een alternatieve en meer evenwichtige gedachte komt.

- **Evaluatie van cognities.**
- **Gedachteonderzoek.**
- **Cognitieve herstructurering.**
- **Evenwichtig denken.**

Werkbladen

Bewijsmateriaal verzamelen is bedoeld om het kind vertrouwd te maken met het proces van gedachteonderzoek. Het kind noteert negatieve gedachten en evalueert ze vervolgens door na te gaan welke bewijzen de gedachten bevestigen en welke ze tegenspreken, wat iemand anders ervan zou zeggen, wat het zelf tegen iemand anders zou zeggen als die deze gedachte had, en of het ook denkfouten maakt. De kracht van de gedachte krijgt vóór en na het onderzoek een cijfer. Dit is een objectieve manier om aan te tonen dat negatieve automatische gedachten minder storend worden als ze worden uitgedaagd.

Evenwichtig denken gaat over de laatste fase van het proces van gedachten uitdagen, namelijk de cognitieve herstructurering. Op basis van alle gegevens komt het kind tot een meer evenwichtige en minder vertekende gedachte.

Kernovertuigingen (hoofdstuk 8)

Samenvatting

Dit hoofdstuk begint met een uitleg van het begrip 'kernovertuigingen' en gebruikt de neerwaartse-pijltechniek 'En wat dan nog?' om ze op te sporen. Ook beschrijft het een methode om kernovertuigingen te toetsen door actief op zoek te gaan naar bewijzen die ze tegenspreken. Verder legt het uit dat kernovertuigingen krachtig zijn en resistent tegen uitdaging en dat het belangrijk is om er met iemand anders over te praten.

- **Kernovertuigingen opsporen.**
- **Kernovertuigingen uitdagen en toetsen.**

Werkbladen

Kernovertuigingen opsporen is een oefening waarin het kind de neerwaartse-pijltechniek 'En wat dan nog?' gebruikt om kernovertuigingen te achterhalen (Burns, 1980). Op iedere uitspraak van het kind volgt de vraag 'En wat dan nog? Als dit waar is, wat betekent dat dan voor jou?' totdat de kernovertuiging is opgespoord. Greenberger en Padesky (1995) wijzen erop dat kernovertuigingen de vorm aannemen van absolute uitspraken zoals 'ik ben/heb...', 'anderen zijn...' enzovoort.

Wanneer het kind de kernovertuigingen eenmaal heeft opgespoord, kan het met behulp van *Kernovertuigingen uitdagen* het waarheidsgehalte van de overtuiging toetsen. Door middel van een experiment wordt gezocht naar bewijzen, hoe klein dan ook, dat de kernovertuiging niet altijd voor honderd procent waar is. *Veelvoorkomende overtuigingen* is ten slotte een werkblad met een lijst van vijftien overtuigingen waarbij het kind kan aangeven in welke mate het zich hierin kan vinden. De kracht van het geloof in iedere stelling krijgt een cijfer met behulp van de *Gedachtethermometer*. Dit geeft de behandelaar inzicht in de overtuigingen van het kind en biedt aanknopingspunten om samen na te gaan waarom het kind steeds weer tegen dezelfde problemen aanloopt of waarom het steeds weer in dezelfde vicieuze cirkel terechtkomt.

Word je gedachten de baas (hoofdstuk 9)

Samenvatting

Het kind krijgt in dit hoofdstuk een aantal verschillende ideeën en strategieën aangeboden voor het hanteren van disfunctionele en negatieve gedachten. Zo maakt het bijvoorbeeld kennis met diverse manieren om de aandacht af te leiden van negatieve cognities en fysiologische symptomen door de gedachten bewust ergens anders op te richten (bijvoorbeeld afleiding zoeken, iets gaan doen wat alle aandacht opeist). Ook leert het kind hoe het negatieve gedachten kan uitschakelen (gedachten stoppen) of het geluid ervan zachter kan zetten (visualisatie). Verder wordt de ontwikkeling van meer evenwichtige en functionele gedachten gestimuleerd door gebruik te maken van helpende gedachten en positieve zelfspraak. En ten slotte wordt het kind aangemoedigd om door middel van experimenten en het toetsen van voorspellingen uit te zoeken of bepaalde gedachten en veronderstellingen kloppen.

- Gedragsexperimenten.
- Afleiding zoeken.
- Positief dagboek.
- Positieve zelfspraak.
- Helpende gedachten.
- Gedachten stoppen.

Werkbladen

Onderzoek je gedachten en overtuigingen is gebaseerd op het proces van begeleide ontdekking en helpt de jeugdige cliënt een experiment op te zetten om het waarheidsgehalte van gedachten en overtuigingen te toetsen. Door voorspellingen te vergelijken met de uitkomst van het experiment worden vervormde gedachten opgespoord en uitgedaagd en neemt hun invloed af.

Gedachten stoppen is een eenvoudige methode die het kind helpt negatieve gedachten uit te schakelen en de aandacht ergens anders op te richten door een elastiekje om de pols aan te trekken en dan weer te laten schieten. *Zet de cassette uit* is een visualisatieoefening die gedachten vergelijkt met een cassettebandje in het hoofd van het kind. Het kind leert de cassetterecorder in het hoofd te visualiseren en vervolgens in gedachten uit te zetten. Voor jongere kinderen is *de 'brandkast voor piekergedachten'* een praktische manier om gedachten te stoppen. Van een doos maakt het kind zelf een 'brandkast' om piekergedachten in te deponeren. Het is de bedoeling opkomende piekergedachten op te schrijven of te tekenen en ze daarna achter slot en grendel op te bergen in de brandkast. De brandkast wordt later samen met de therapeut of de ouders opengemaakt. Dit kan een nuttige manier zijn om de aard en omvang van de piekergedachten van het kind te achterhalen. *Gedachten uitdagen* gaat nog een stap verder dan gedachten stoppen; het kind leert niet alleen negatieve gedachten die het vaak heeft te stoppen, maar ze ook te vervangen door meer evenwichtige cognities.

Drie oefeningen helpen bij het ontwikkelen van meer evenwichtige cognities. *Zoeken naar het positieve* stimuleert kinderen of hun ouders actief op zoek te gaan naar positieve dingen in het dagelijks leven. Dit is vooral nuttig voor kinderen of ouders die te sterk de nadruk leggen op wat het kind niet kan of op wat er niet goed gaat. *Positieve zelfspraak* borduurt voort op dit thema en helpt kinderen uit te zoeken en te waarderen wat ze bereikt hebben en niet alleen aandacht te hebben voor wat niet goed is gegaan. In plaats van te kijken naar wat er nog moet gebeuren, leert het kind te kijken naar wat al wel gelukt is en zichzelf hiervoor een schouderklopje te geven. Met *Helpende gedachten* zoekt het kind ten slotte uit welke gedachten een onprettig gevoel opleveren en vervangt die door helpende gedachten, die houvast bieden in moeilijke situaties en zorgen voor een meer ontspannen en minder angstig gevoel.

Oefen dat het je lukt is een visualisatieoefening die het kind helpt uitdagingen of moeilijke situaties positiever tegemoet te treden. Het kind ziet de uitdaging in gedachten zo gedetailleerd mogelijk voor zich en stelt zich voor dat het deze keer wel lukt om er goed mee om te gaan.

Hoe je je voelt (hoofdstuk 10)

Samenvatting

Dit hoofdstuk richt zich op affectieve educatie en streeft ernaar het kind meer bewust te maken van verschillende gevoelens. Het beschrijft de veelvoorkomende emoties spanning, verdriet en boosheid en maakt het verband tussen gevoelens, gedachten en gedrag duidelijk.

- **Affectieve educatie.**
- **Registratie van emoties.**

Werkbladen

De woordzoeker van Voelspriet is een manier om kennis te maken met een aantal verschillende gevoelens. Nadat het kind de gevoelens die in de puzzel verstopt zitten heeft gevonden, kan de behandelaar vragen welke van deze gevoelens het kind zelf het vaakst heeft. Voor jongere kinderen is er in plaats van de woordzoeker *Mijn gevoelens*, een werkblad waarop het kind gevoelens kan inkleuren op een contourtekening van een persoon. Eerst benoemt het kind de eigen gevoelens, dan geeft het ieder gevoel een andere kleur en vervolgens kleurt het de persoon in en laat daarmee zien hoeveel van elk gevoel het in zich heeft.

De werkbladen *Wat gebeurt er wanneer ik me ... voel* helpen oudere kinderen hun gevoelens beter te herkennen. Op deze werkbladen geven kinderen aan hoe hun gezicht en lichaam eruitzien en hoe ze zich gedragen wanneer ze boos, verdrietig, zenuwachtig of blij zijn. Nadat ze het gevoel hebben beschreven, geven ze op een schaal van een tot tien aan hoe vaak ze dit gevoel hebben. De behandelaar kan hier vervolgens op inhaken en samen met het kind proberen te achterhalen met welke gedachten en bezigheden dit gevoel samenhangt. Deze eenvoudige werkbladen zijn gemakkelijk aan te passen voor andere emoties. Voor kinderen die het moeilijk vinden hun eigen emoties te beschrijven, kan het nuttig zijn de gevoelens van iemand anders te benoemen. Verzamel hiervoor uit kranten en tijdschriften plaatjes van mensen die verschillende emoties tonen en laat het kind raden hoe deze mensen zich voelen. Een alternatief hiervoor is dat de therapeut verschillende emoties naspeelt en het kind laat raden om welk gevoel het gaat.

Welk gevoel hoort waar? is een hulpmiddel om gevoelens te koppelen aan situaties. Dit werkblad noemt een aantal gevoelens en een aantal situaties en het is de bedoeling dat het kind een lijn trekt tussen een situatie en het bijbehorende gevoel. Een alternatief hiervoor is kinderen zelf lijstjes te laten maken van gevoelens die ze vaak hebben en van belangrijke plaatsen en situaties in hun leven. Dit is de opzet van *Gevoelens en plaatsen*, een werkblad waarop het kind kan aangeven welke gevoelens het ervaart in welke situaties. De samenhang tussen gevoelens en situaties of gebeurtenissen wordt nog duidelijker wanneer het kind uitzoekt welke situaties of gebeurtenissen de meeste prettige dan wel de meeste nare gevoelens opleveren.

De werkbladen *Gevoelens en wat je denkt* en *Gevoelens en wat je doet* zijn ten slotte bedoeld om er achter te komen welke gedachten en bezigheden het kind een prettig of juist een naar gevoel geven.

Word je gevoel de baas (hoofdstuk 11)

Samenvatting

Dit hoofdstuk bespreekt een aantal praktische manieren om onprettige gevoelens de baas te worden. Het legt uit hoe lichamelijke ontspanning door middel van het aan- en ontspannen van spieren werkt en bevat een aantal snelle ontspanningsoefeningen. Het kind maakt kennis met gecontroleerde ademhaling en leert dat ook gewone activiteiten, zoals lichaamsbeweging of bezigheden waar je helemaal in opgaat, een rustgevende werking kunnen hebben. Ook visualisatie als manier om te ontspannen komt aan bod; het kind creëert in gedachten een eigen rustgevende plek. Tot slot wordt aan de hand van het beeld van een vulkaan uitgelegd hoe boosheid werkt en wordt aangegeven dat het belangrijk is een vulkaanuitbarsting te voorkomen.

- **Omgaan met emoties.**
- **Lichamelijke ontspanning.**
- **Gecontroleerde ademhaling.**
- **Ontspanning door visualisatie.**
- **Woedehantering.**

Werkbladen

De 'bewaarkluis voor gevoelens' helpt jonge kinderen de invloed van onprettige gevoelens te verminderen. Dit is te vergelijken met *De 'brandkast voor piekergedachten'* in hoofdstuk 9. Het kind maakt zelf een 'bewaarkluis' waarin tekeningen of beschrijvingen van onprettige gevoelens tijdelijk kunnen worden opgeborgen. Ook deze bewaarkluis kan weer samen met de behandelaar, of de ouders of verzorgers worden opengemaakt om de aard en omvang van de onprettige gevoelens te achterhalen. Het invullen van de denkwolkjes van *Mijn ontspannende bezigheden* is een manier om er achter te komen welke bezigheden het kind als rustgevend ervaart.

Leren ontspannen is bedoeld voor jongere kinderen. In een na-aapspel leren ze hun spieren aan te spannen en te ontspannen. Visualisatie is een methode die oudere kinderen vaak meer aanspreekt. Hiervoor is een werkblad opgenomen dat helpt bij het bedenken en uitwerken van *Mijn ontspannende plek*. Het is daarbij belangrijk het beeld van de ontspannende plek met zoveel mogelijk details in te vullen en er een aantal verschillende zintuigen bij in te schakelen (zien, ruiken, voelen enzovoort).

De woedevulkaan is bedoeld voor kinderen die last hebben van woede-uitbarstingen. Ze brengen hiermee hun eigen persoonlijke woedeopbouw in kaart door na te gaan welke gedachten ze hebben, welke fysiologische reacties er optreden en welk gedrag ze vertonen vanaf het moment dat ze nog rustig zijn tot aan de woede-uitbarsting. Ze vullen deze opbouw vervolgens in op de vulkaan, waardoor ze er meer inzicht in krijgen en in een eerder stadium kunnen ingrijpen om een vulkaanuitbarsting te voorkomen.

Verander je gedrag (hoofdstuk 12)

Samenvatting

Allereerst krijgt het kind uitleg over de uitwerking die gedachten en gevoelens kunnen hebben op gedrag. Vervolgens leert het dat het belangrijk is actiever te worden en dat je hiertoe kunt komen door in de eerste plaats meer leuke dingen te gaan doen. Verder maakt het kennis met een aantal manieren om weer grip op het leven te krijgen, zoals activiteiten anders plannen, uitdagingen opknippen in kleinere stapjes, geleidelijke blootstelling en responspreventie.

- **Activiteitenregistratie.**
- **Activiteiten anders plannen.**
- **Angsthiërarchie opstellen.**
- **Systematische desensitisatie.**
- **Responspreventie.**

Werkbladen

Op de werkbladen *Dingen waardoor ik me goed voel* en *Dingen waardoor ik me naar voel* kan het kind in denkwolkjes opschrijven of tekenen waarvan het een prettig dan wel een onprettig gevoel krijgt. Het werkblad *Dingen die ik graag wil doen* werkt op dezelfde manier en is bedoeld om leuke activiteiten te inventariseren. Voor oudere kinderen is er *Steeds een treetje hoger*. Hiervoor maakt de jeugdige cliënt eerst een lijst van dingen die hij of zij graag wil doen en plaatst die activiteiten daarna in oplopende moeilijkheidsgraad op een ladder. De jeugdige gaat dan eerst met de gemakkelijkste activiteit aan de slag, en wordt vervolgens systematisch gestimuleerd steeds meer activiteiten op te pakken totdat hij of zij uiteindelijk de hele ladder heeft beklommen.

In het *Activiteitendagboek* registreert het kind van uur tot uur wat het doet en hoe het zich voelt. Dit kan patronen blootleggen en laten zien dat het kind op bepaalde tijdstippen of bij bepaalde activiteiten meer intens onprettige gevoelens ervaart. Op basis hiervan kan aandacht worden besteed aan het anders plannen van activiteiten, waarbij het kind wordt gestimuleerd meer leuke dingen in te plannen, of verschillende dagindelingen uit te proberen om te voorkomen dat er momenten ontstaan waarop nare gevoelens de overhand krijgen.

Hoe je doelen en uitdagingen kunt opknippen in kleinere stapjes, waardoor de kans van slagen groter wordt, wordt uitgelegd in *Kleine stapjes*. Dit is een hulpmiddel voor het opzetten van een stappenplan, waarbij de stappen die gemakkelijker zijn en minder angst oproepen eerst helemaal met succes moeten zijn doorlopen, voordat de volgende stap wordt gezet. Kleine stapjes is onderdeel van het programma voor systematische desensitisatie *Kijk je angst in de ogen*, waarin het kind leert met beangstigende situaties om te gaan en de angst te overwinnen. Kleine stapjes wordt ook gebruikt in het programma voor responspreventie *Weg met die gewoontes*, dat het kind helpt zijn of haar gedrag onder controle te krijgen en een eind te maken aan dwanghandelingen. Dit is niet gemakkelijk en sommige kinderen hebben hierbij iemand uit de omgeving nodig die ze aanmoedigt en helpt.

In dit hoofdstuk wordt herhaaldelijk aangegeven dat het belangrijk is aandacht te besteden aan zelfbekrachtiging en beloning wanneer iets goed gaat. Kinderen moeten worden gestimuleerd hun successen, hoe klein dan ook, te herkennen en te waarderen.

Leer problemen oplossen (hoofdstuk 13)

Samenvatting

Dit hoofdstuk bespreekt drie veelvoorkomende oorzaken voor problemen, namelijk iets doen zonder erbij na te denken, je laten sturen door je gevoel en niet in staat zijn een andere oplossing te vinden. Het behandelt een aantal effectievere manieren om met problemen om te gaan, zoals het 'stoplichtsysteem', een zelfinstructiemethode die werkt volgens het principe 'stop, denk na en doe'. Ook legt het uit hoe het kind alternatieve oplossingen kan zoeken en na kan denken over de gevolgen van deze oplossingen. Verder krijgt het kind een aantal tips om te voorkomen dat het vergeet de nieuwe probleemoplossende vaardigheden toe te passen. En ten slotte wordt aangegeven dat het belangrijk is met de nieuwe vaardigheden te oefenen (zowel in de verbeelding als *in vivo*).

- **Alternatieve oplossingen bedenken.**
- **Nadenken over de gevolgen.**
- **Zelfinstructietraining.**

Werkbladen

Oplossingen zoeken is een werkblad dat jongere kinderen kan helpen verschillende manieren te bedenken om met een probleem om te gaan. Oudere kinderen kunnen hiervoor gebruikmaken van het werkblad *Verschillende oplossingen bedenken*, waarbij ze iedere oplossing laten volgen door het woordje 'of', en op die manier zoveel mogelijk oplossingen voor een probleem aandragen. Wanneer de lijst met mogelijke oplossingen klaar is, kan het kind daar verder over nadenken met *Wat zijn de gevolgen van mijn oplossingen?* Aan de hand van dit werkblad bedenkt het kind wat de positieve en negatieve gevolgen van iedere oplossing zijn, weegt dit tegen elkaar af, en komt zo uiteindelijk uit bij de beste oplossing voor het probleem.

Stop, denk na en doe is een vorm van zelfinstructietraining. Aan de hand van het beeld van een stoplicht leert het kind eerst halt te houden, vervolgens een oplossing te bedenken en die daarna toe te passen. *Vertel jezelf wat je moet doen* is nog een andere manier om met problemen om te gaan. Hierbij kijkt en luistert het kind eerst naar iemand anders die goed met een situatie omgaat en gaat het vervolgens zelf ook zo doen. Daarbij geeft het kind zichzelf eerst hardop instructies, maar gaat na verloop van tijd steeds zachter praten, totdat de nieuwe manier van doen uiteindelijk geïnternaliseerd is.

HOOFDSTUK 4
Gedachten, gevoelens en wat je doet

Problemen en gedoe horen bij het dagelijks leven. Ouders, vrienden en vriendinnen, verkering, school, werk – eigenlijk bijna alles – geeft wel eens een keer problemen. Gelukkig kunnen we met veel van deze problemen goed uit de voeten en vinden we er snel een goede oplossing voor.

Het lijkt alsof andere problemen moeilijker op te lossen zijn. Dat kan komen doordat:
➢ ze vrij vaak voorkomen,
➢ ze er al een tijdje zijn,
➢ ze onoverkomelijk lijken,
➢ ze invloed lijken te hebben op alles wat je doet.

Soms worden zulke problemen je de baas en lijkt het leven één en al ellende.

De magische cirkel

Denk goed – voel je goed wil je helpen te ontdekken hoe je op een goede manier kunt omgaan met je problemen. Het boek gaat uit van een manier van helpen die **cognitieve gedragstherapie (CGT)** heet. Dit is een doeltreffende methode die mensen helpt om te gaan met hun problemen door te kijken naar het verband tussen:

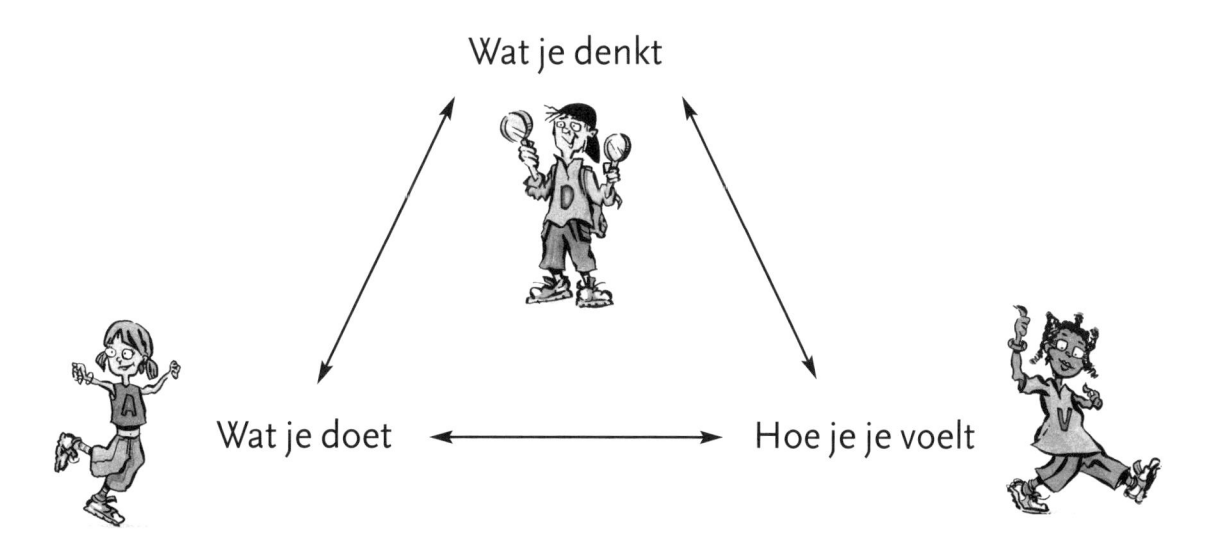

Wat je denkt

Wat je doet ⟷ Hoe je je voelt

We komen later nog wel terug op dit belangrijke verband, maar de volgende voorbeelden geven al een beetje aan hoe het werkt.

➢ Als je **denkt** dat je niet zo goed bent in praten met andere mensen, **voel** je je misschien erg zenuwachtig wanneer je met je vrienden of vriendinnen op stap bent. Je **wordt stil** en zegt niet veel.
➢ Als je **denkt** dat niemand je aardig vindt, geeft dat je een verdrietig **gevoel** en blijf je **alleen thuiszitten**.
➢ Als je **denkt** dat je nooit iets goed doet, kan dat je een boos **gevoel** geven. Je **doet je best niet meer**, omdat het 'toch nooit goed is'.

Het lijkt vaak, net zoals in deze voorbeelden, alsof onze gedachten op magische wijze uitkomen.

Maar is dat werkelijk zo? Is onze toekomst echt zo uitgestippeld dat we precies kunnen voorspellen wat er gaat gebeuren?

Denk goed – voel je goed helpt je om dit uit te zoeken en laat je zien dat je soms niet het hele plaatje ziet. Je kijkt misschien maar naar één kant van het verhaal. En dat is dan gewoonlijk wat er is misgegaan of wat niet helemaal goed zit.

Vaak ben je je er niet eens van bewust dat je dat doet. Je bent er zo aan gewend geraakt dat het soms erg moeilijk is een uitweg te zien of te bedenken hoe het ook anders kan. Daarom kun je wel wat hulp gebruiken van het **Denk goed – voel je goed-team**.

Denkspeurder helpt je te kijken naar hoe je denkt.

Voelspriet helpt je te ontdekken hoe je je voelt.

Aanpakker helpt je uit te vinden hoe je dingen anders kunt doen.

Met behulp van **Denk goed – voel je goed** kom je erachter dat de manier waarop je denkt en omgaat met problemen gevolgen heeft voor wat er gebeurt. Misschien heb je wel meer invloed op wat er gebeurt in je leven dan je ooit had gedacht!

Wat je denkt

We hebben het altijd druk in ons hoofd. Zodra de ene gedachte weg is, komt er alweer een andere voor in de plaats. We denken voortdurend na over van alles en nog wat. Veel van onze gedachten beschrijven wat er om ons heen gebeurt. Andere gaan over onszelf.

Gedachten kunnen gaan over **hoe we onszelf zien.** 
➢ Ik ben dik.
➢ Ik heb veel vrienden en vriendinnen.
➢ Ik word snel boos.

Ze kunnen gaan over **hoe we dingen doen**.
➢ Ik ben erg chaotisch.
➢ Ik ben goed in sport.
➢ Ik maak vrij gemakkelijk vrienden.

Ze kunnen gaan over **hoe we tegen de toekomst aankijken**.
➢ Ik krijg vast nooit verkering.
➢ Ik kom nooit op de universiteit.
➢ Ik ben miljonair op mijn dertigste.

Kernovertuigingen

Al deze gedachten over onszelf, over wat we doen en over hoe we onze toekomst zien, ontwikkelen zich na verloop van tijd tot krachtige denkpatronen. Deze denkpatronen zijn vrij diep verankerd en we noemen ze onze **kernovertuigingen**. Ze zien er vaak uit als heel korte zinnetjes, zoals:

➢ Ik ben vriendelijk.
➢ Ik werk hard.
➢ Ik heb succes.

Overtuigingen en veronderstellingen

Kernovertuigingen zijn nuttig. Ze helpen ons te voorspellen en te begrijpen wat er in ons leven gebeurt. Op basis van onze kernovertuigingen nemen we aan dat er bepaalde dingen gaan gebeuren. Dit is het verband tussen **ALS** en **DAN**.

- **ALS** ik vriendelijk ben (kernovertuiging), **DAN** vinden andere mensen mij aardig (veronderstelling).
- **ALS** ik hard werk (kernovertuiging), **DAN** krijg ik een goede baan (veronderstelling).
- **ALS** ik succes heb (kernovertuiging), **DAN** ben ik gelukkig (veronderstelling).

Storende kernovertuigingen en veronderstellingen

Veel van onze kernovertuigingen zijn nuttig, maar andere zijn juist storend. Ze weerhouden ons ervan echte keuzes te maken en beslissingen te nemen, en zorgen er soms voor dat onze veronderstellingen over ons leven niet kloppen. Een aantal voorbeelden van storende kernovertuigingen zijn:

- Alles wat ik doe moet perfect zijn.
- Ik doe altijd alles verkeerd.
- Niemand zal ooit van me houden.

Kernovertuigingen als deze zorgen er vaak voor dat het **misgaat**, dat je je **akelig voelt**, en dat je **belemmerd wordt in je doen en laten**. Door deze gedachten verwacht je dat er iets negatiefs gaat gebeuren.

De **overtuiging** 'alles wat ik doe moet perfect zijn' kan ertoe leiden dat je **veronderstelt** dat je werk nooit goed genoeg is. Hierdoor ga je je gespannen en ongelukkig voelen en doe je je werk steeds maar weer over.

De **overtuiging** 'ik doe altijd alles verkeerd' kan ertoe leiden dat je **veronderstelt** dat het geen zin heeft hard te werken. Je voelt je verdrietig en je raakt je motivatie of je belangstelling voor school of werk kwijt.

De **overtuiging** 'niemand zal ooit van me houden' kan ertoe leiden dat je **veronderstelt** dat mensen erop uit zijn je voor de gek te houden. Je voelt je boos en gedraagt je grof en agressief.

Kernovertuigingen en veronderstellingen zijn diep verankerd

Kernovertuigingen en veronderstellingen zijn meestal heel sterk en raken diep verankerd. Ze zijn niet gemakkelijk te veranderen. Het is vaak zo dat alles wat er op zou kunnen wijzen dat ze niet kloppen, wordt genegeerd of afgedaan als onbelangrijk.

- Het meisje dat gelooft 'niemand zal ooit van me houden' doet misschien ieder lief gebaar van haar ouders af als 'ze geven niet echt om me – ze willen alleen iets van me gedaan krijgen'.

- Je grijpt alles wat deze gedachten bevestigt, hoe klein het ook is, aan als bewijs dat ze kloppen. Wanneer je vader of moeder het druk heeft en geen tijd heeft gehad je lievelingstrui of -broek te wassen, zie je dat als bewijs voor je gedachte 'ik wist wel dat je niet om me gaf.'

Belangrijke gebeurtenissen

Kernovertuigingen en veronderstellingen komen zo nu en dan bovendrijven in onze gedachten en worden vaak opgeroepen door **belangrijke gebeurtenissen** of **ervaringen**.

- Wanneer je een belangrijk werkstuk moet maken, roept dat bijvoorbeeld de kernovertuiging op 'alles wat ik doe moet perfect zijn' en de veronderstelling 'ik doe het nooit goed genoeg'.
- Wanneer je zakt voor je rijexamen, roept dat de kernovertuiging op 'ik doe altijd alles verkeerd' en de veronderstelling 'het heeft geen zin om het nog een keer te proberen'.
- Wanneer je vriendje of vriendinnetje het uitmaakt, roept dat de kernovertuiging op 'niemand zal ooit van me houden' en de veronderstelling 'anderen willen me alleen maar pijn doen'.

Automatische gedachten

Nadat kernovertuigingen en veronderstellingen zijn opgeroepen, brengen ze onmiddellijk **automatische gedachten** op gang.

Deze gedachten stromen je hoofd binnen en geven voortdurend commentaar op wat er gebeurt.

Veel van deze gedachten gaan over jezelf en ze zijn voor een deel negatief en kritisch.

- Wanneer iemand zegt dat je je werkstuk moet afmaken, roept dat bijvoorbeeld automatische gedachten op zoals 'ik weet niet wat ik moet doen', 'dit is niet goed genoeg' of 'ik weet zeker dat ze iets beters willen dan dit'.
- Zakken voor je rijexamen kan leiden tot automatische gedachten als 'ik heb het helemaal verprutst', 'ik leer het nooit' of 'ik wist wel dat ik het niet kon'.
- Wanneer je verkering uitraakt roept dat misschien automatische gedachten op als 'ik wist wel dat dit niet lang zou duren, zo gaat het altijd', 'hij hield me gewoon voor de gek' of 'ik krijg nooit weer verkering'.

Hoe je je voelt

We hebben al eerder gezien dat de manier waarop we denken invloed heeft op hoe we ons voelen. Onze gedachten leiden tot allerlei **gevoelens**.

Positieve of fijne gedachten leveren vaak een **prettig gevoel** op.

➢ De gedachte 'ik heb echt zin in dat feestje' geeft je een blij gevoel.
➢ De gedachte 'hoewel we verloren hebben, heb ik heel goed gespeeld' geeft je een tevreden gevoel.
➢ De gedachte 'ik zie er best leuk uit in deze kleren' geeft je een ontspannen gevoel.

Maar soms hebben we **negatieve** gedachten en die leveren vaak een **naar gevoel** op.

➢ De gedachte 'er komt vast niemand op mijn feestje' geeft je een gespannen gevoel.
➢ De gedachte 'we hebben weer verloren; we winnen ook nooit' geeft je een boos of verdrietig gevoel.
➢ De gedachte 'ik vind deze kleren niet leuk' geeft je een gespannen en naar gevoel.

Veel van deze gevoelens zijn niet sterk en blijven niet lang hangen. Misschien merk je ze niet eens op.

Maar soms worden zulke gevoelens je de baas. Ze worden heel sterk en het lijkt wel of ze nooit weer overgaan.

De nare gevoelens die mensen het vaakst hebben zijn spanning, verdriet en boosheid.

Wat je doet

Als je zulke gevoelens lang achtereen hebt, of als ze heel sterk worden, krijgen ze invloed op wat je doet. We voelen ons het liefst goed, dus we proberen meestal meer dingen te doen waardoor we ons goed voelen en minder dingen waardoor we ons onprettig voelen.

4. GEDACHTEN, GEVOELENS EN WAT JE DOET

➢ Als je je verlegen voelt wanneer je met andere mensen praat, blijf je bijvoorbeeld vaker thuis, of je zegt dat je niet kunt wanneer je vrienden of vriendinnen vragen of je meegaat. Je voelt je meer ontspannen als je alleen bent.
➢ Als je je op school verdrietig of ongelukkig voelt, kan het zijn dat je er niet meer naartoe gaat. Je voelt je beter als je thuisblijft.
➢ Als je boos wordt wanneer mensen kritiek hebben op je werk, ga je misschien minder goed je best doen.

Gedachten en gevoelens kunnen op heel veel verschillende manieren invloed hebben op wat je doet. Misschien valt het je op dat je:

➢ de moed opgeeft en bepaalde dingen niet meer doet,
➢ situaties die moeilijk voor je zijn uit de weg gaat,
➢ liever geen nieuwe dingen uitprobeert.

Het lijkt wel alsof deze veranderingen bewijzen dat onze gedachten het bij het recht eind hadden!

➢ Als je het op die manier bekijkt, zijn concentratieproblemen het bewijs dat de gedachte 'ik haal het examen nooit' klopt.
➢ En thuisblijven is dan het bewijs dat de gedachte 'niemand vindt me aardig; ik heb geen vrienden of vriendinnen' klopt.
➢ En dat je moeite hebt met in slaap vallen of dat je bent aangekomen is dan het bewijs dat gedachten als 'ik zie er uit als een dweil' of 'niemand wil ooit verkering met me' kloppen.

STOP – zullen we hier nog een keer naar kijken?

Misschien zit je gevangen in een negatieve cirkel.

Het is mogelijk dat je **ALLEEN** maar oog hebt voor dingen die je negatieve gedachten bevestigen.

➢ Je had vandaag dan wel moeite je te concentreren, maar je hebt de afgelopen nacht ook niet goed geslapen. Gewoonlijk slaap je beter, en wanneer je goed geslapen hebt kun je je wel concentreren.
➢ Je bent dan gisteravond wel thuisgebleven, maar je hebt ook plannen gemaakt om morgen met je vrienden uit te gaan.
➢ Je bent dan misschien wel twee kilo aangekomen, maar maakt dat nu echt zoveel verschil voor hoe je eruitziet? Je lievelingskleren passen nog altijd prima.

Soms lijkt het alsof gedachten op magische wijze uitkomen omdat je alleen kijkt naar dingen die je gedachten bevestigen. Is het misschien mogelijk dat je maar één kant van het verhaal ziet?

Het is belangrijk om los te breken uit deze cirkel waar je niets mee opschiet.

Het is belangrijk om een aantal negatieve gedachten op te sporen, er vraagtekens bij zetten en ze uit te testen.

Leren op een meer evenwichtige manier te denken, geeft je een beter gevoel en het stelt je in staat echt te kiezen wat je wilt in je leven.

Gedachten, gevoelens en wat je doet: alles op een rijtje

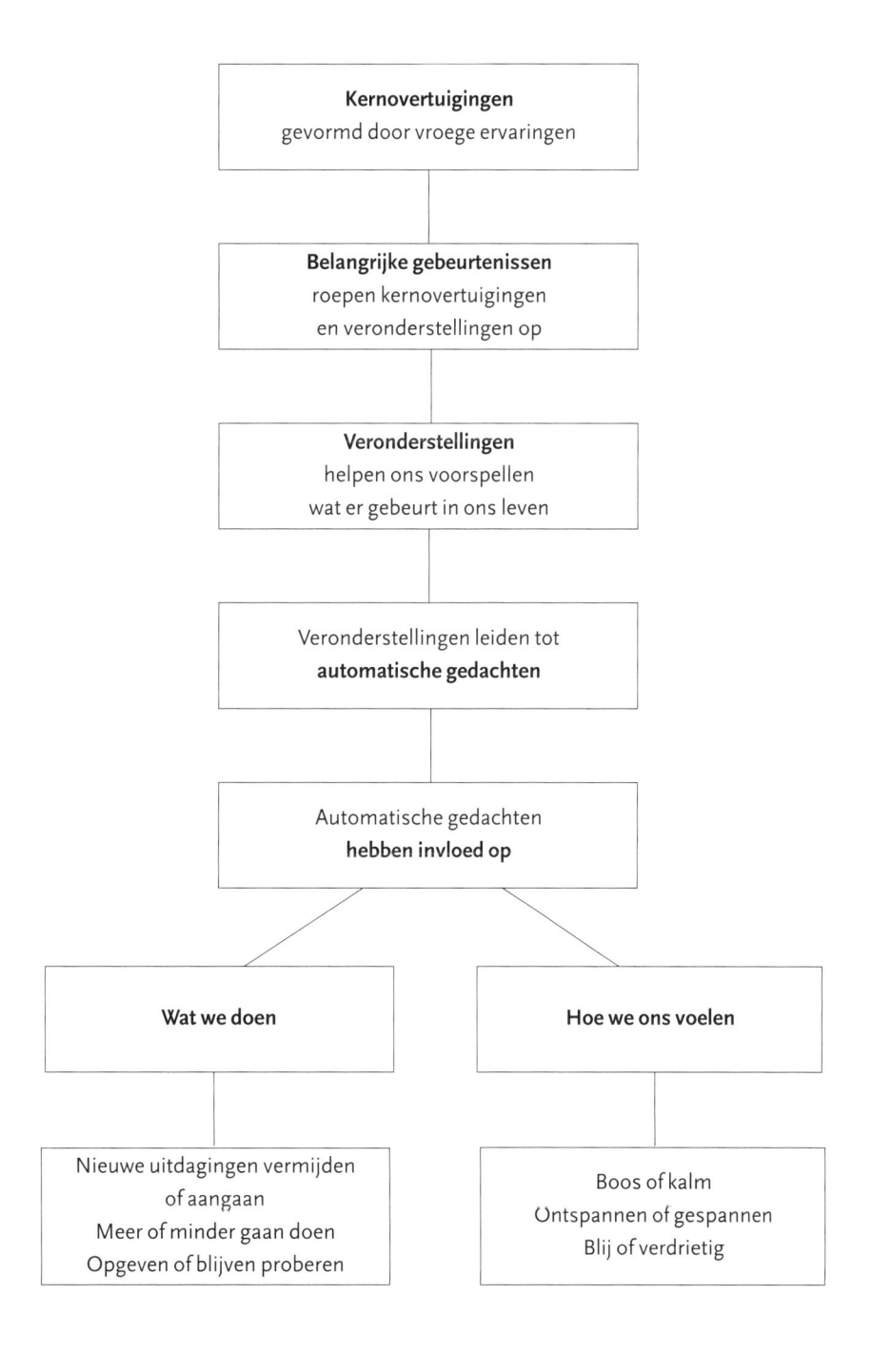

Kernovertuigingen
gevormd door vroege ervaringen

Belangrijke gebeurtenissen
roepen kernovertuigingen
en veronderstellingen op

Veronderstellingen
helpen ons voorspellen
wat er gebeurt in ons leven

Veronderstellingen leiden tot
automatische gedachten

Automatische gedachten
hebben invloed op

Wat we doen

Hoe we ons voelen

Nieuwe uitdagingen vermijden
of aangaan
Meer of minder gaan doen
Opgeven of blijven proberen

Boos of kalm
Ontspannen of gespannen
Blij of verdrietig

De magische cirkel

Denk aan iets wat je kortgeleden hebt gedaan en waar je **veel plezier** in had. Schrijf of teken in de cirkels hieronder:

- wat je **DEED**,
- hoe je je **VOELDE**,
- wat je **DACHT**.

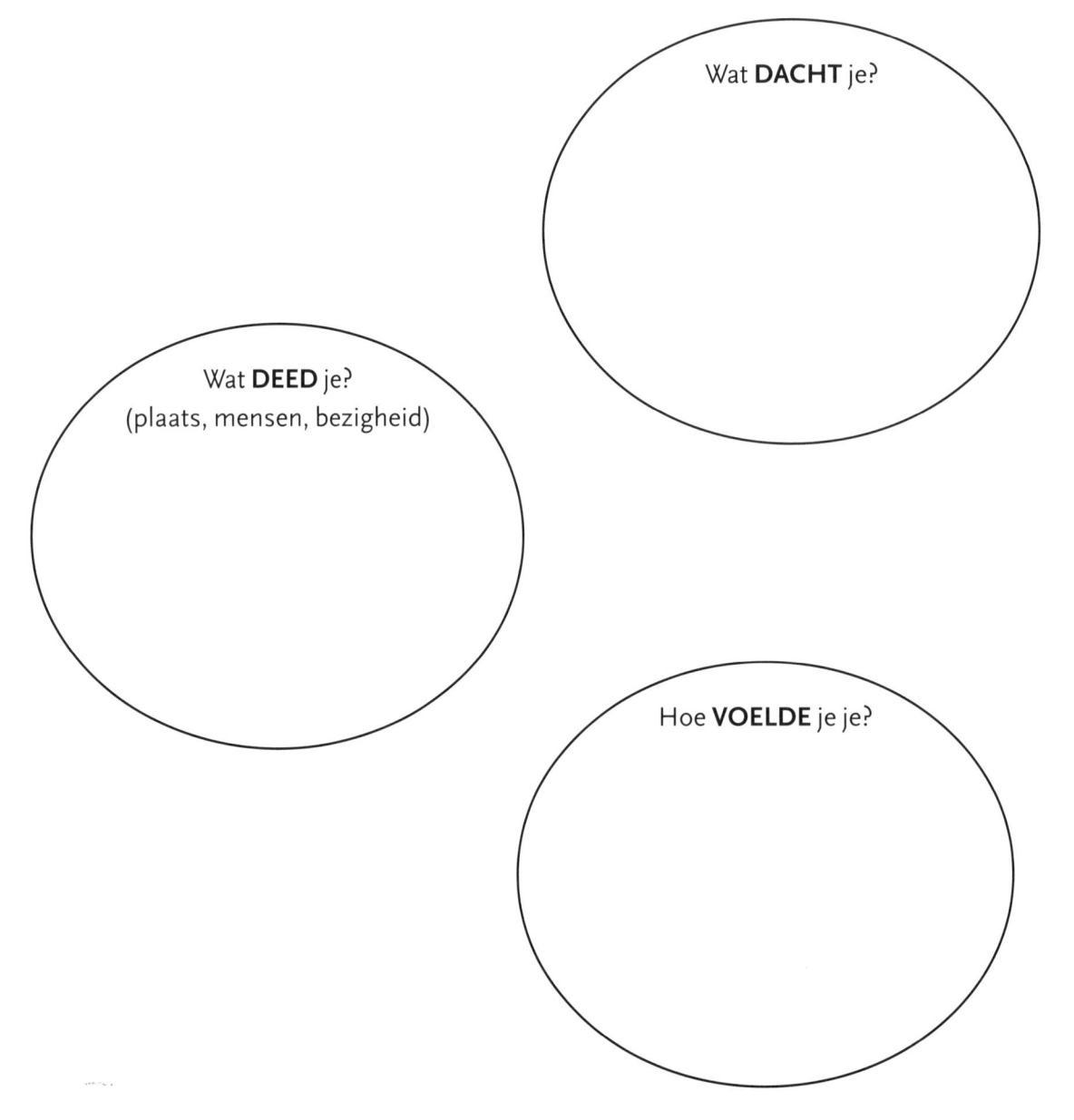

Wat **DACHT** je?

Wat **DEED** je?
(plaats, mensen, bezigheid)

Hoe **VOELDE** je je?

DENK GOED – VOEL JE GOED 67

De negatieve cirkel

Denk na over **een situatie die je erg moeilijk vindt** en schrijf op of teken:

➢ wat er **GEBEURT,**
➢ hoe je je **VOELT,**
➢ waar je aan **DENKT** in die situatie.

Wat ik **DENK**:

Wat ik **DOE**:

Hoe ik me **VOEL**:

De Als ... dan-quiz

Probeer de Als ... dan-quiz maar eens. Wat denk je dat er gebeurt?

ALS ik gehoorzaam ben **DAN**

ALS ik iets doe wat niet mag **DAN**

ALS ik het verkeerd doe **DAN**

ALS ik hard werk **DAN**

ALS ik geen vrienden heb **DAN**

ALS anderen me aardig vinden **DAN**

ALS ik mensen blij maak **DAN**

ALS ik mijn ouders teleurstel **DAN**

ALS ik niet vriendelijk ben **DAN**

ALS ik succes heb **DAN**

Wat ik denk, wat ik doe of hoe ik me voel

Zijn dit GEDACHTEN, GEVOELENS of dingen die je DOET?

Ik doe dit vast verkeerd

Boos

Verdrietig

Naar school gaan

Met mijn vriendjes of vriendinnetjes spelen

Dit is echt leuk

Ik kan mensen goed aan het lachen maken

Chagrijnig

Alleen zijn

Niemand vindt me aardig

In bad gaan

Blij

Eten

Niemand wil ooit vrienden met me zijn

Gespannen

Bang

Ik haal het examen nooit

Winkelen

HOOFDSTUK 5
Automatische gedachten

De gedachten die de hele dag door plotseling in je hoofd opkomen noemen we **automatische gedachten**. Ze geven je een doorlopend verslag van wat er gebeurt en wat je doet. We hebben voortdurend zulke gedachten en ze zijn belangrijk, want ze hebben invloed op wat we doen en hoe we ons voelen.

Ik, wat ik doe en mijn toekomst

De automatische gedachten waar we het meest in geïnteresseerd zijn, zijn gedachten over **JEZELF**. Ze kunnen gaan over:

Hoe je jezelf ziet
- Ik ben slim.
- Ik kan niet zo goed met mensen omgaan.
- Ik zie er goed uit.

Hoe je dingen doet
- Alles wat ik doe gaat fout.
- Ik ben slecht in sport.
- Ik heb mijn wiskundetoets prima gedaan.

Hoe je tegen de toekomst aankijkt
- Ooit ga ik een geregeld leven leiden.
- Ik word nooit gelukkig.
- Ik kan van alles doen wanneer ik klaar ben met school.

Deze bouwstenen vormen samen het totale beeld dat je van jezelf hebt. In deze gedachten komt tot uiting hoe je over jezelf denkt, wat je vindt van wat je doet en wat je verwacht dat er in de toekomst gaat gebeuren.

Deze gedachten kunnen **positief** zijn.
➢ Ik heb goed gespeeld in die wedstrijd.
➢ Ik heb het vanavond heel gezellig gehad met mijn vrienden.
➢ Ik geloof dat Mark me wel mag.

Deze positieve gedachten kunnen je **stimuleren** om:
➢ door te gaan met trainen en sporten,
➢ weer iets met je vrienden af te spreken,
➢ Mark een keer uit te nodigen en meer met hem op te trekken.

Automatische gedachten kunnen ook **negatief** zijn.
➢ Zo slecht heb ik nog nooit gespeeld.
➢ Geen van mijn vrienden praat vanavond met me.
➢ Ik weet het niet zeker, maar ik geloof dat Mark me niet graag mag.

Het is mogelijk dat je door negatieve automatische gedachten met bepaalde dingen **bent opgehouden of dingen vermijdt**. Misschien:
➢ ga je niet meer iedere keer naar de training,
➢ heb je minder zin in uitgaan en vrienden ontmoeten,
➢ vermijd je plekken waar je Mark kunt tegenkomen.

We hebben een mengeling van positieve en negatieve automatische gedachten. De meeste mensen kunnen **beide kanten** van het verhaal zien en **evenwichtige beslissingen nemen en situaties evenwichtig beoordelen**.

Anderen vinden het moeilijker om positief over dingen te denken. Het lijkt wel alsof ze door een **zwarte bril** kijken en alleen die dingen zien en horen die niet goed zijn.

➢ Hun gedachten zijn vaak erg negatief.
➢ Ze vinden het moeilijk iets goeds over zichzelf te denken, horen of zien.
➢ Ze hebben geen oog voor waar ze goed in zijn.
➢ Ze hebben een somber beeld van hun toekomst en geloven niet dat ze ooit succes kunnen hebben.

Bij sommige mensen krijgt deze manier van denken de overhand. Hun automatische gedachten zijn dan voornamelijk negatief.

Waarom luister ik naar mijn negatieve gedachten?

Om dit te kunnen begrijpen moeten we iets meer weten over negatieve automatische gedachten. Ze hebben een aantal gezamenlijke kenmerken:

➢ **Automatisch:** ze zijn er gewoon. Ze komen in je hoofd op zonder dat je er iets voor doet.
➢ **Vertekend:** wanneer je er even bij stilstaat en ze controleert, merk je dat ze niet echt kloppen met alle feiten.
➢ **Voordurend aanwezig:** je kiest er niet voor ze te hebben en je kunt ze niet gemakkelijk uitzetten.
➢ **Lijken te kloppen:** ze lijken logisch, dus je neemt ze voor waar aan zonder er even bij stil te staan en je af te vragen of ze wel kloppen.
➢ Omdat onze automatische gedachten heel redelijk lijken, **luisteren** we ernaar.
➢ We raken er erg aan **gewend** omdat we ze zo vaak horen.
➢ Hoe vaker we ze horen, hoe meer we ze gaan **geloven** en ervan uitgaan dat ze kloppen.

Onze negatieve gedachten zijn als een cassettebandje in ons hoofd.
➢ De gedachten draaien maar rond.
➢ Het bandje wordt nooit verwisseld.
➢ Het geluid wordt nooit zachter gezet.
➢ Niemand anders hoort het cassettebandje.

De negatieve cirkel

Onze negatieve automatische gedachten worden hinderlijk en we raken gevangen in een negatieve cirkel.
➢ De negatieve gedachten geven ons een naar gevoel.
➢ Het nare gevoel weerhoudt ons ervan dingen te doen.
➢ Als we minder doen hebben we meer tijd om na te denken over alles wat misloopt.
➢ Dit bevestigt onze negatieve gedachten.

En zo gaat het maar door.

De negatieve cirkel

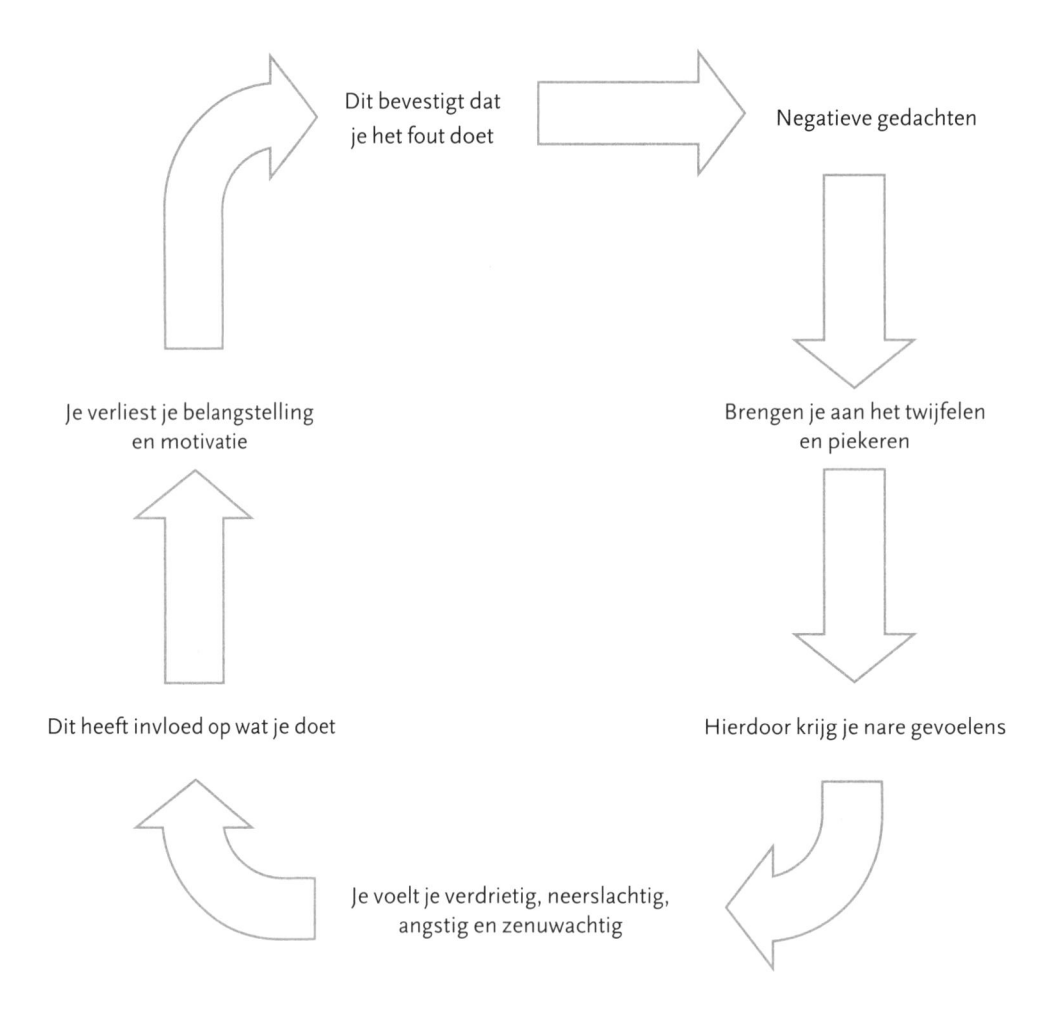

Negatieve gedachten → Brengen je aan het twijfelen en piekeren → Hierdoor krijg je nare gevoelens → Je voelt je verdrietig, neerslachtig, angstig en zenuwachtig → Dit heeft invloed op wat je doet → Je verliest je belangstelling en motivatie → Dit bevestigt dat je het fout doet → Negatieve gedachten

'Brandende' gedachten

We hebben voortdurend automatische gedachten. Maar het is belangrijk om uit te vinden welke daarvan onze '**brandende**' gedachten zijn. Zo noemen we de automatische gedachten die we het vaakst hebben en die het sterkst zijn. Daarbij moeten we de hulp van **Denkspeurder** inroepen.

Zoals we al eerder hebben gezien, lijken onze automatische gedachten meestal heel redelijk. We nemen ze vaak voor waar aan zonder ons af te vragen of ze wel kloppen. Het is zelfs zo dat we ze vaak niet eens opmerken. Daarom moet **Denkspeurder** ons helpen gedachten die negatief zijn en niet kloppen op te sporen. Hij zal ons helpen na te gaan of we wel het hele verhaal zien of alleen maar kijken naar een klein stukje van het geheel.

Je kunt dit het beste aanpakken door te zoeken naar die gedachten die de sterkste gevoelens oproepen. Dat zijn '**brandende**' gedachten. Denk eens na over momenten waarop je duidelijk merkt dat er iets verandert in hoe je je voelt. Probeer te achterhalen welke gedachten er op zo'n moment door je hoofd gaan. De volgende vragen kunnen je daarbij helpen.

➤ Wat dacht je **toen het gevoel in je opkwam**?
➤ Wat ging er door je hoofd **toen dit gevoel heel sterk werd**?
➤ Wat dacht je **dat er zou gebeuren**?
➤ Hoe dacht je dat het **zou aflopen**?
➤ Wat dacht je dat **anderen ervan zouden zeggen**?

Sara wordt zenuwachtig
Sara stond te wachten bij de bushalte toen ze merkte dat ze plotseling erg zenuwachtig werd en bijna moest huilen. **Denkspeurder** hielp Sara om uit te vinden welke '**brandende**' automatische gedachten er op dat moment door haar hoofd schoten.

➤ *Wat dacht je toen het gevoel in je opkwam?* Sara dacht aan de jongen die ze gisteravond in de disco had leren kennen. Ze vond hem leuk en keek ernaar uit hem weer te zien. Daarna begon Sara zich zorgen te maken dat hij niet zou komen opdagen.

➤ *Wat ging er door je hoofd toen dit gevoel heel sterk werd?* Sara bedacht nu allerlei redenen waarom hij misschien niet zou komen opdagen. Ze dacht 'Hij leek niet zo in me geïnteresseerd toen we weggingen', 'Hij vroeg niet naar mijn telefoonnummer', 'Ik wed dat hij alleen maar beleefd was en me niet echt weer wilde zien'.

➤ *Wat dacht je dat er zou gebeuren?* Sara raakte ervan overtuigd dat de jongen niet zou komen opdagen.

➤ *Hoe dacht je dat het zou aflopen?* Sara dacht dat ze helemaal alleen zou achterblijven in de stad.

➤ *Wat dacht je dat anderen ervan zouden zeggen?* Sara had heel wat ophef gemaakt over deze jongen, en haar vriendinnen wilden natuurlijk per se weten hoe het gegaan was. Ze begon te piekeren over hoe ze het moest uitleggen, en ze dacht dat ze haar allemaal zouden uitlachen.

Dit negatieve draaiboek speelde zich af in Sara's hoofd. Hoe meer ze erover nadacht, hoe slechter ze zich voelde, en hoe meer ze ervan overtuigd raakte dat het echt zo zou gaan. Geen wonder dat Sara zich zo zenuwachtig en verdrietig voelde! Het werd geleidelijk aan duidelijk hoe het in elkaar zat.

➢ We hebben een onafgebroken stroom automatische gedachten in ons hoofd.
➢ Veel van deze gedachten gaan over onszelf.
➢ Sommige van deze gedachten zijn negatief en bezorgen ons een naar gevoel.
➢ De eerste stap op weg naar een beter gevoel is achterhalen wat onze negatieve gedachten zijn.

Gedachten en gevoelens

Het is belangrijk dat je meer te weten komt over je automatische negatieve gedachten en de uitwerking die ze op je hebben.

Vul de komende week het dagboek in zodra je merkt dat je een sterk negatieve '**brandende**' gedachte hebt, of als je merkt dat je een sterk onprettig gevoel hebt. Schrijf dan het volgende op:

➢ De dag en de tijd.
➢ Beschrijf wat er gebeurde, wie er bij was en wanneer en waar het gebeurde.
➢ Wat waren je gedachten? Wat schoot er op dat moment door je hoofd? Schrijf precies op wat je dacht. Je hoeft je nergens voor te schamen!
➢ Wat voor gevoel gaf dit je?

Maak je niet druk om je spelling of handschrift. Zo lang jij het zelf maar kunt lezen of nog weet wat je hebt opgeschreven, maakt het niet uit.

Gedachten en gevoelens

Dag en tijd	Situatie *Wat, waar, wanneer en wie?*	Gedachten *Wat waren je 'brandende' gedachten?*	Gevoelens *Hoe voelde je je?*

Mijn 'brandende' gedachten

Ga de komende week zorgvuldig na wat voor negatieve 'brandende' gedachten je hebt en schrijf op welke drie je het vaakst hebt over het volgende:

Jezelf

1

2

3

Wat je doet

1

2

3

Je toekomst

1

2

3

Fijne gedachten over mezelf

Schrijf of teken de fijne gedachten die je over jezelf hebt in de denkwolkjes.

Fijne gedachten over mijn toekomst

Schrijf of teken de fijne gedachten die je over je toekomst hebt in de denkwolkjes.

Nare gedachten over mezelf

Schrijf of teken de nare gedachten die je over jezelf hebt in de denkwolkjes.

Piekergedachten over wat ik doe

Schrijf of teken de piekergedachten die je hebt over de dingen die je doet in de denkwolkjes.

Wat denken ze?

Schrijf of teken in de denkwolkjes wat deze mensen volgens jou denken.

Wat denken ze?

Schrijf of teken in de denkwolkjes wat de kat en de muis volgens jou denken.

Wat denken ze?

Schrijf of teken in de denkwolkjes waaraan deze persoon volgens jou denkt.

Wat denken ze?

Schrijf of teken in de denkwolkjes wat de kat volgens jou denkt over de hond.

HOOFDSTUK 6
Denkfouten

We hebben al gezien dat sommige van onze 'brandende' automatische gedachten ons in de weg zitten. Ze geven ons een onprettig gevoel of weerhouden ons ervan dingen te doen. Het probleem met negatieve automatische gedachten is dat ze maar blijven ronddraaien in ons hoofd. Het gebeurt maar zelden dat we erbij stilstaan en ons afvragen of ze wel kloppen. We doen eerder het tegenstelde: hoe vaker we ze horen, hoe meer we erin gaan geloven, en hoe meer we gaan letten op dingen die zouden bewijzen dat ze kloppen.

Dit noemen we **denkfouten** maken. Er zijn zes soorten denkfouten die we vaak maken.

De pretbedervers

Door deze denkfouten letten we alleen op de negatieve dingen die er gebeuren. We zien alleen de dingen **die mislopen of niet goed zijn**. Alles wat positief is zien we niet, geloven we niet, of vinden we niet belangrijk. Er zijn twee veelvoorkomende soorten pretbedervers.

De zwarte bril

Door een zwarte bril zie je maar één kant van wat er gebeurt, namelijk de negatieve kant!

Als je plezier hebt, of als er iets leuks gebeurt, vindt de zwarte bril toch nog dingen die fout gaan of niet helemaal goed genoeg zijn. En juist deze negatieve dingen vallen je het meest op en blijven je het langst bij.

➢ Je bent bijvoorbeeld een dagje uit geweest met vrienden en het was ontzettend leuk, maar toen jullie wilden gaan lunchen zat jullie lievelingscafé vol. Wanneer iemand je vraagt of je het leuk hebt gehad, antwoord je: 'Nee. We konden niet in het café.'

Wat positief is, telt niet

Wanneer je deze denkfout maakt, vind je alles wat positief is onbelangrijk of je gelooft er gewoonweg niet in.

➤ De jongen die hoort dat een meisje met hem uit wil, denkt dan bijvoorbeeld: 'Ze kan zeker niemand anders vinden om mee uit te gaan.'
➤ Als je een goed cijfer haalt voor een wiskundetoets, haal je dat naar beneden door te denken 'Het was gewoon gemakkelijk; dat hebben we vorig jaar allemaal al gehad.'

Dingen opblazen

De tweede soort denkfout blaast alle negatieve dingen op en **maakt ze groter** dan ze in werkelijkheid zijn. Dit gebeurt vaak op drie manieren.

Alles-of-niets-denken

Je denkt in termen van alles of niets. Het is óf gloeiend heet óf ijskoud en het lijkt wel alsof daar niets tussenin zit!

➤ Je hebt bijvoorbeeld onenigheid met je beste vriend en denkt: 'Dat was het dan; je bent mijn vriend niet meer.'

Als je iets niet perfect doet, zie je jezelf als een volledige mislukking.

➤ Als iemand een zeven plus op een wiskundetoets haalt, denkt hij bijvoorbeeld: 'Ik doe het ook nooit goed; ik laat wiskunde maar vallen.'

Negatieve dingen overschatten

Met deze denkfout overdrijf je het belang van wat er is gebeurd. Je overschat negatieve gebeurtenissen en blaast ze enorm op.

➤ 'Ik wist zijn naam niet meer en **iedereen** keek naar me en lachte me uit.'
➤ 'Ik liet mijn boek vallen en de **hele klas** zat naar me te kijken.'

6. DENKFOUTEN

Sneeuwbaleffect

Door deze denkfout groeit een enkele gebeurtenis aan als een sneeuwbal die van een heuvel afrolt en wordt al gauw een eindeloze serie nederlagen. Je ziet een enkel grijs wolkje aan de hemel als het bewijs dat er een onweersbui aankomt!

➤ Wanneer je niet wordt gekozen voor het sportteam denk je: 'Ik ben waardeloos in sport, ik begrijp niets van wiskunde, ik kan gewoon **helemaal niks.**'

Mislukking voorspellen

Een andere soort denkfout heeft te maken met wat we **verwachten** dat er gaat gebeuren. Door deze denkfout **voorspel je dat iets gaat mislukken** en je verwacht het ergste. Dit kan op twee manieren.

De gedachtelezer

Door deze denkfout denkt iemand te weten wat iedereen denkt.

➤ 'Ik weet dat ze me niet aardig vindt.'
➤ 'Ik weet zeker dat iedereen me uitlacht.'

De kristallen bol

Door deze denkfout denkt iemand te weten wat er gaat gebeuren.

➤ 'Als we uitgaan, blijf ik toch weer alleen achter.'
➤ 'Ik weet dat ik deze opdracht niet aankan.'

Gevoelde gedachten

Door deze denkfout worden je **emoties heel sterk** en ze vertroebelen je denken en de manier waarop je tegen dingen aankijkt. Wat je denkt wordt dan bepaald door hoe je je voelt en niet door wat er in werkelijkheid gebeurt.

Emotioneel redeneren

Wanneer je je ellendig, verdrietig en somber voelt, neem je aan dat alles en iedereen om je heen dat ook is. Je emoties worden je de baas en kleuren je gedachten.

Vuilnisbaketiket

Je plakt jezelf en alles wat je doet een etiket op.

➢ 'Ik ben een mislukkeling.'
➢ 'Dat heb ik weer, ik ben gewoon hopeloos.'
➢ 'Ik ben waardeloos.'

Aansturen op een mislukking

Deze fout heeft te maken met de eisen die we aan onszelf stellen en met wat we van onszelf verwachten. Vaak stellen we onze **doelen zo hoog** dat we ze nooit kunnen bereiken. We sturen aan op een mislukking. We zijn ons heel erg bewust van alles wat ons niet lukt en alles wat we niet hebben gedaan. Als onze gedachten vaak beginnen met:

➢ ik moest eigenlijk,
➢ ik moet,
➢ ik moest eigenlijk niet,
➢ ik kan niet.

stellen we onze doelen zo onredelijk hoog dat we ze nooit kunnen halen.

Mijn schuld!

Het is ook mogelijk dat we ons **verantwoordelijk voelen** voor negatieve dingen die gebeuren, zelfs al hebben we daar helemaal geen invloed op. Alles wat fout gaat is onze schuld!

➢ 'Zodra ik instapte, kreeg de bus pech.'
➢ Als je vriend of vriendin je niet ziet en je voorbij loopt zonder iets te zeggen, denk je: 'Ik heb zeker iets verkeerds gezegd.'

Het is belangrijk om te weten dat iedereen deze denkfouten wel eens maakt. Het wordt pas een probleem als je ze dikwijls maakt en daardoor niet goed meer kunt kiezen wat je kunt of wilt doen in je leven.

Denkfouten opsporen

Houd een dagboek bij en schrijf hierin de negatieve gedachten op die in je opkomen. Schrijf ook op wat er gebeurde en hoe je je voelde.

Gebruik de gedachtethermometer op bladzijde 107 om aan te geven hoe sterk je in de negatieve gedachte gelooft.

Kijk de volgende dag weer in je dagboek en vul de laatste kolom in.

➢ Maakte je denkfouten?

➢ Welke?

➢ Maak je bepaalde fouten vaker dan andere?

➢ Gebruik de gedachtethermometer ten slotte nog een keer om aan te geven hoe sterk je nu in de negatieve gedachte gelooft.

Denkfouten opsporen

Dag en tijd	Situatie Wat, waar, wanneer en wie?	Gedachten Wat waren je gedachten? Geef aan hoe sterk je erin gelooft	Gevoel Hoe voelde je je?	Fouten Welke denkfout maak je? Hoe sterk geloof je er nu in?

Welke denkfouten maak jij?

De pretbedervers

Hoe vaak merk je dat je alleen kijkt naar de nare dingen die gebeuren?

Nooit   Soms   Vaak   Voortdurend

Hoe vaak merk je dat je alleen kijkt naar wat er fout gaat of niet helemaal goed genoeg is?

Nooit   Soms   Vaak   Voortdurend

Hoe vaak zie je goede of positieve dingen over het hoofd of schenk je er geen aandacht aan?

Nooit   Soms   Vaak   Voortdurend

Hoe vaak vind je dat iets goeds of positiefs dat gebeurd is niets voorstelt?

Nooit   Soms   Vaak   Voortdurend

Dingen opblazen

Hoe vaak merk je dat je denkt in termen van alles of niets?

Nooit   Soms   Vaak   Voortdurend

Hoe vaak gebeurt het dat je dingen die mislopen overschat of opblaast?

Nooit   Soms   Vaak   Voortdurend

Hoe vaak groeien losstaande negatieve gebeurtenissen bij jou door het sneeuwbaleffect uit tot iets groters?

Nooit   Soms   Vaak   Voortdurend

Mislukking voorspellen

Hoe vaak denk je te weten wat andere mensen over jou denken?

Nooit   Soms   Vaak   Voortdurend

Hoe vaak verwacht je dat iets zal mislopen?

Nooit   Soms   Vaak   Voortdurend

Gevoelde gedachten

Hoe vaak denk je dat je dom of slecht bent?

Nooit   Soms   Vaak   Voortdurend

Hoe vaak denk je dat je waardeloos bent en nooit iets goed doet?

Nooit   Soms   Vaak   Voortdurend

Aansturen op een mislukking

Hoe vaak denk je dat iets niet goed genoeg is als het niet perfect is?

Nooit   Soms   Vaak   Voortdurend

Hoe vaak denk je **'eigenlijk moest ik'** dit of dat doen?

Nooit   Soms   Vaak   Voortdurend

Hoe vaak zeg je tegen jezelf **'ik moet'**?

Nooit   Soms   Vaak   Voortdurend

Mijn schuld!

Hoe vaak geef je jezelf de schuld voor wat er gebeurt of misloopt?

Nooit   **Soms**   **Vaak**   **Voortdurend**

HOOFDSTUK 7
Evenwichtig denken

Vaak belanden we in een negatieve cirkel en merken we dat we steeds weer dezelfde denkfouten maken. Hoe vaker we deze fouten maken, hoe meer we in onze negatieve gedachten gaan geloven en hoe moeilijker het wordt om er vanaf te komen en een andere manier te vinden om ergens tegenaan te kijken.

Om uit deze cirkel te breken, moeten we leren onze negatieve gedachten op te sporen en ze kritisch te onderzoeken. Hierdoor krijgen we een meer evenwichtige kijk op wat er gebeurt.

Wanneer je er nog niet aan gewend bent, is **evenwichtig denken** vaak moeilijk.

Maar **Denkspeurder** kan je hierbij helpen. Hij stelt je een aantal vragen die je helpen je negatieve gedachten te onderzoeken, waardoor je een meer evenwichtige kijk op de dingen krijgt.

Denkspeurder heeft de volgende vragen bedacht:

- Welke bewijzen **bevestigen** deze gedachte?

- Welke bewijzen **spreken** deze gedachte **tegen**?

- Wat zou mijn **beste vriend of vriendin**/leraar/ouder zeggen als die me zo hoorde denken?

- Wat zou ik **tegen mijn beste vriend of vriendin** zeggen als hij of zij deze gedachte had?

- Maak ik **denkfouten**?
  - ➢ Is er een **PRETBEDERVER** in het spel en vergeet ik mijn sterke kanten (zwarte bril of het positieve telt niet)?
  - ➢ **BLAAS IK DE DINGEN OP** (alles-of-niets-denken, het negatieve overschatten of sneeuwbaleffect)?
  - ➢ Is het zo dat ik **MISLUKKING VOORSPEL** (gedachtelezer of kristallen bol)?

➢ Zijn dit **GEVOELDE GEDACHTEN** (emotioneel redeneren en vuilnisbaketiket)?
➢ Ben ik aan het **AANSTUREN OP EEN MISLUKKING**?
➢ Geef ik **MEZELF DE SCHULD** voor wat er is misgegaan?

Evenwichtig denken betekent **NIET** dat je je gedachten moet verdedigen.

Evenwichtig denken betekent **NIET** dat je alles positief moet zien.

Evenwichtig denken betekent dat je bewust zoekt naar nieuwe informatie die je anders misschien over het hoofd zou zien.

Onze gedachten moeten realistisch zijn. We houden onszelf voor de gek als we denken dat alles altijd zonder problemen verloopt; dat is gewoon niet waar!

Hoe werkt het?

Het huiswerk van Sita

Sita zat televisie te kijken toen ze merkte dat ze bijna moest huilen en zich erg gespannen begon te voelen. Een van haar lievelingsprogramma's was op tv, maar ze zat er niet echt naar te kijken. Ze dacht aan andere dingen. **Denkspeurder** hielp Sita om de volgende gedachten op te sporen en op te schrijven:

➢ *Ik heb er een puinhoop van gemaakt.*
➢ *Ik haal het examen nooit.*
➢ *Ook al ga ik nu aan het werk, het is toch al te laat.*
➢ *Ik ben gewoon dom.*

Toen Sita eenmaal de gedachten waardoor ze zich akelig voelde had opgespoord, was de volgende stap die ze moest zetten: nagaan of ze wel het hele verhaal zag. Ze gebruikte een aantal van de vragen van **Denkspeurder** om uit te vinden of dit wel **evenwichtig denken** was.

➢ *Welke bewijzen bevestigen deze gedachte?* Sita had die avond zitten zwoegen op haar wiskundehuiswerk, maar hoe goed ze haar best ook deed, ze kreeg het niet voor elkaar.

> ***Wat zou haar beste vriendin Karin zeggen?*** 'Je weet dat wiskunde niet je sterkste vak is, maar je hebt tot nu toe alle tentamens gehaald. En met alle andere vakken ben je een van de besten.'

> ***Wat zou haar wiskundeleraar zeggen?*** 'We zijn pas vandaag met dit onderwerp begonnen, en ik denk dat de hele klas er nog wel wat tijd voor nodig heeft om het goed te begrijpen.'

> ***Welke denkfouten maakte Sita?***

1 *Dingen opblazen*
Alles-of-niets-denken: ze maakte de gedachtesprong van 'Het lukt me niet mijn huiswerk te maken', naar 'Ik zak voor het examen.'
Sneeuwbaleffect: omdat het wiskundehuiswerk niet lukte vond ze 'alles' een puinhoop.

2 *De pretbedervers*
Zwarte bril: ze ziet niet dat ze een van de besten is met alle andere vakken.

3 *Gevoelde gedachten*
Vuilnisbaketiket: ze vindt zichzelf dom terwijl haar beste vriendin en de leraren haar slim vinden.

Door even stil te staan bij deze negatieve gedachten en ze te onderzoeken, besefte Sita dat ze maar de helft van het verhaal zag. Ze begreep het wiskundehuiswerk niet, maar het was ook een nieuw onderwerp. Wiskunde was het vak dat ze het moeilijkste vond, maar tot nu toe had ze alle tentamens gehaald. En uiteindelijk zag Sita in dat ze het heel goed deed met de andere vakken, en dat er geen enkele reden was waarom haar toekomst naar de knoppen zou zijn.

Adam en zijn vrienden

Adam lag in bed toen hij merkte dat hij erg gespannen werd. **Denkspeurder** hielp Adam om de gedachten die door zijn hoofd schoten op te sporen:

> *Mark mag me niet meer.*
> *Hij wil met rust gelaten worden.*
> *Ik ben te saai en te serieus.*
> *Hij ergert zich aan mij.*

Het werd tijd dat Adam eens naging of dit **evenwichtig denken** was, of dat hij alleen maar naar zijn negatieve gedachten luisterde. Net als Sita gebruikte hij een aantal van de vragen van **Denkspeurder** om dit te onderzoeken.

➤ *Welke bewijzen bevestigen deze gedachten?* Mark zei dat hij na schooltijd niet bij mij thuis kon komen. Hij ziet er niet erg vrolijk uit wanneer we met elkaar praten, en het lijkt alsof hij vaak niet luistert naar wat ik zeg.

➤ *Welke bewijzen spreken deze gedachten tegen?* Mark heeft afgelopen weekend bij me gelogeerd en hij heeft mij gevraagd volgende zaterdag bij hem te komen. Ik weet dat Mark zich op het ogenblik zorgen maakt over zijn ouders en misschien wil hij bij hen thuisblijven.

➤ *Welke denkfouten maakte Adam?*

1 *Mislukking voorspellen*
De gedachtelezer: hij denkt dat Mark hem niet aardig vindt.

2 *Gevoelde gedachten*
Vuilnisbaketiket: hij denkt 'Ik ben saai', hoewel ze al vijf jaar vrienden zijn.

Adam zag in dat zijn gedachten niet reëel waren. Mark en hij waren nog steeds vrienden en hadden al iets samen afgesproken. Adam besefte dat het best mogelijk was dat Mark ergens anders over inzat en helemaal niet genoeg van hem had.

Evenwichtig denken is een manier om je gedachten te onderzoeken en na te gaan of je wel het hele verhaal ziet.

➤ Verzamel nieuw bewijsmateriaal.
➤ Bedenk wat andere mensen zouden zeggen als ze jouw gedachten konden horen.
➤ Ga na of je geen denkfouten maakt.

Bewijsmateriaal verzamelen

Hou een gedachtedagboek bij. Wanneer je merkt dat je negatieve gedachten hebt, **STOP** dan even en **ONDERZOEK** ze.

➢ Schrijf je negatieve gedachten zo duidelijk mogelijk op.

➢ Gebruik de gedachtethermometer op bladzijde 107 om aan te geven hoe sterk je erin gelooft.

➢ Schrijf op welke bewijzen deze negatieve gedachten bevestigen.

➢ Schrijf op welke bewijzen deze negatieve gedachten tegenspreken.

➢ Wat zou je beste vriend of vriendin zeggen?

➢ Wat zou je tegen hem of haar zeggen als hij of zij zulke gedachten had?

➢ Gebruik nu weer de gedachtethermometer om aan te geven hoe sterk je in deze gedachten gelooft.

Bewijsmateriaal verzamelen

Dag en tijd	Gedachten *Wat waren je gedachten?* *Geef aan hoe sterk je erin gelooft*	Bewijs voor *Welke bewijzen zijn er voor je gedachten?*	Bewijs tegen *Welke bewijzen zijn er tegen deze gedachten?*	Beste vriend(in) *Wat zou ik tegen hem of haar zeggen?* *Wat zou hij of zij tegen mij zeggen?* *Geef aan hoe sterk je hier nu in gelooft*

Evenwichtig denken

Hou een gedachtedagboek bij. Wanneer je merkt dat je negatieve gedachten hebt, **STOP** dan even en **ONDERZOEK** ze.

➢ Schrijf je negatieve gedachten zo duidelijk mogelijk op.

➢ Schrijf op welke bewijzen deze negatieve gedachten bevestigen.

➢ Schrijf op welke bewijzen deze negatieve gedachten tegenspreken.

Kijk de volgende dag weer in je dagboek en vul de laatste kolom in (dus: wat zou op basis van deze bewijzen een meer evenwichtige gedachte zijn?).

Gebruik ten slotte de gedachtethermometer op bladzijde 107 om aan te geven hoe sterk je gelooft in je evenwichtige gedachten.

Evenwichtig denken

Dag en tijd	Gedachten Wat waren je gedachten?	Bewijzen voor Welke bewijzen zijn er voor je gedachten?	Bewijzen tegen Welke bewijzen zijn er tegen deze gedachten?	Evenwichtige gedachte Wat is een meer evenwichtigegedachte? Geef aan hoe sterk je in deze gedachte gelooft	

Gedachtethermometer

Gebruik deze thermometerschaal om aan te geven hoe sterk je in je gedachten gelooft.

10 Geloof er heel sterk in

9

8

7 Geloof er vrij sterk in

6

5

4 Geloof er een beetje in

3

2

HOOFDSTUK 8
Kernovertuigingen

Kernovertuigingen zijn vaste gedachten en ideeën die we over onszelf hebben. Ze helpen ons te voorspellen wat er gaat gebeuren en te begrijpen hoe de wereld in elkaar zit. Deze kernovertuigingen worden in onze kindertijd gevormd en ontwikkelen zich op basis van de ervaringen uit die tijd tot vrij vaste veronderstellingen over:

➢ hoe we onszelf zien,
➢ hoe we dingen doen,
➢ hoe we tegen de toekomst aankijken.

Onze **kernovertuigingen** klinken door in onze automatische gedachten. Hoe negatiever onze kernovertuigingen zijn, hoe negatiever ook onze automatische gedachten zullen zijn.

Niemand houdt van Martin

Martin had de kernovertuiging dat niemand van hem hield. Hierdoor had hij veel automatische gedachten die voor hem het bewijs waren dat dat echt zo was.

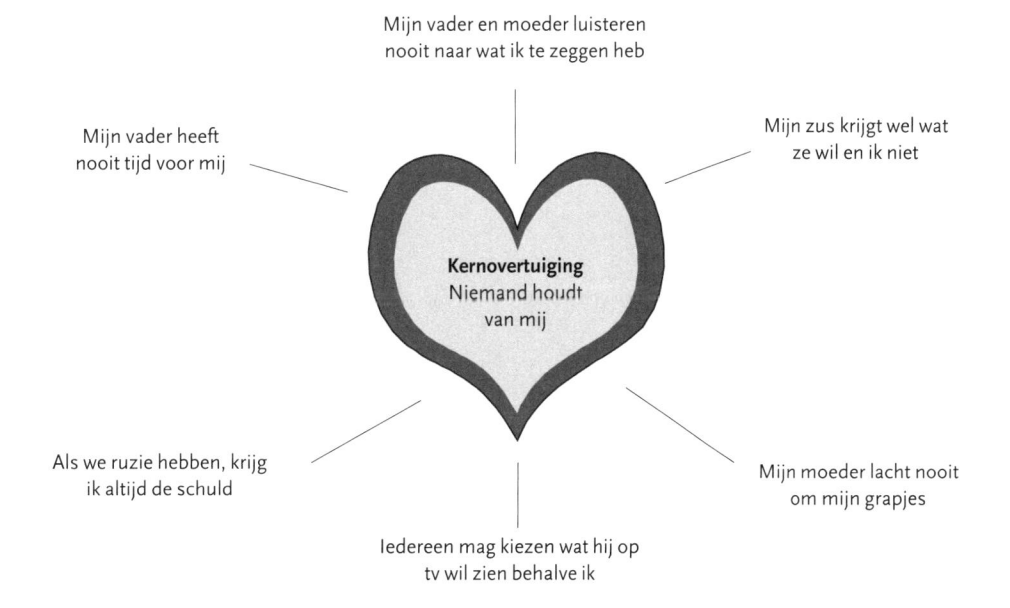

Mijn vader en moeder luisteren nooit naar wat ik te zeggen heb

Mijn vader heeft nooit tijd voor mij

Mijn zus krijgt wel wat ze wil en ik niet

Kernovertuiging
Niemand houdt van mij

Als we ruzie hebben, krijg ik altijd de schuld

Mijn moeder lacht nooit om mijn grapjes

Iedereen mag kiezen wat hij op tv wil zien behalve ik

Je kunt hier vast ook wel anders tegen aankijken, maar Martin zag dit allemaal als bewijs dat niemand van hem hield.

Kernovertuigingen opsporen

Denkspeurder heeft een slimme manier bedacht om je te helpen je kernovertuigingen op te sporen.

Hij noemt deze methode '**EN WAT DAN NOG?**'.

➤ Kies een negatieve gedachte uit en blijf jezelf vragen '**EN WAT DAN NOG?** *Als dit waar is, wat zegt dat dan over mij?*'

➤ Blijf deze vraag herhalen totdat je de kernovertuiging hebt gevonden.

Sanne wordt uit het team gezet

Sanne voelde zich heel somber nadat ze uit het volleybalteam was gezet. Ze had veel negatieve gedachten en daarom hielp **Denkspeurder** haar om haar kernovertuiging op te sporen.

Automatische gedachte: 'Ik ben het enige teamlid dat ze eruit gezet hebben.'

(EN WAT DAN NOG? *Als dit waar is, wat zegt dat dan over mij?*)

↓

'Ik ben er het gemakkelijkst uit te zetten. Ik ben altijd de eerste die eruit moet.'

(EN WAT DAN NOG? *Als dit waar is, wat zegt dat dan over mij?*)

↓

'Niemand maakt zich druk om mij.'

(EN WAT DAN NOG? *Als dit waar is, wat zegt dat dan over mij?*)

↓

'Ik ben waardeloos.'

Jaap doet examen

Jaap kreeg de uitslag van zijn examen terug en raakte helemaal van streek. Hoewel hij goede cijfers had gehaald, vond hij ze zelf niet goed genoeg. Met behulp van **Denkspeurder** onderzocht Jaap zijn gedachten en spoorde de kernovertuiging op.

```
┌─────────────────────────────────────────────────────────────┐
│ Automatische gedachte: 'Ik heb maar een zeven plus.'        │
│ (EN WAT DAN NOG? Als dit waar is, wat zegt dat dan over mij?) │
└─────────────────────────────────────────────────────────────┘
                              ↓
┌─────────────────────────────────────────────────────────────┐
│ 'Ik heb het examen verprutst.'                              │
│ (EN WAT DAN NOG? Als dit waar is, wat zegt dat dan over mij?) │
└─────────────────────────────────────────────────────────────┘
                              ↓
┌─────────────────────────────────────────────────────────────┐
│ 'Ik heb een paar heel gemakkelijke vragen verkeerd beantwoord.' │
│ (EN WAT DAN NOG? Als dit waar is, wat zegt dat dan over mij?) │
└─────────────────────────────────────────────────────────────┘
                              ↓
┌─────────────────────────────────────────────────────────────┐
│ 'Ik doe niet alles goed.'                                   │
│ (EN WAT DAN NOG? Als dit waar is, wat zegt dat dan over mij?) │
└─────────────────────────────────────────────────────────────┘
                              ↓
┌─────────────────────────────────────────────────────────────┐
│ 'Ik ben niet perfect.'                                      │
└─────────────────────────────────────────────────────────────┘
```

Door het opsporen van kernovertuigingen begrijp je waarom je altijd weer dezelfde soort gedachten hebt en hoe je gevangen raakt in een negatieve cirkel.

➤ Sanne heeft de **kernovertuiging dat ze waardeloos is**. Hierdoor begreep ze waarom ze altijd negatieve dingen over zichzelf zei en haar prestaties steeds naar beneden haalde.

Door het opsporen van kernovertuigingen begrijp je beter waarom je steeds weer tegen dezelfde problemen aanloopt.

➤ Jaap heeft de **kernovertuiging dat hij perfect moet zijn**. Hij gaat alles wat nieuw of anders is uit de weg omdat hij bang is dat hij het niet kan.

Kernovertuigingen uitdagen

Waneer we onze kernovertuigingen eenmaal hebben opgespoord, is de volgende stap ze 'uit te dagen'. Dat houdt in dat je ze onderzoekt en controleert of ze eigenlijk wel kloppen.

Het werkt met kernovertuigingen net zo als met automatische gedachten; we horen ze en nemen maar aan dat ze kloppen zonder er vraagtekens bij te zetten. Maar het is belangrijk dat we onszelf de volgende vragen stellen:

Zien we wel het hele verhaal of kijken we door een **zwarte bril**?

Zien we misschien iets over het hoofd wat erop wijst dat deze overtuiging niet klopt?

Denkspeurder heeft een slimme manier bedacht om ons te helpen onze kernovertuigingen te controleren.

We moeten zoeken naar bewijs dat onze kernovertuiging **tegenspreekt**.

Het geeft niet hoe klein of onbelangrijk het lijkt, we moeten **HET VINDEN**.

Peter is slecht

Peter had de kernovertuiging dat hij een slecht mens was. Hij dacht dat hij mensen altijd ongelukkig maakte, altijd in de problemen kwam en altijd op zijn kop kreeg.

Denkspeurder hielp Peter om deze gedachte te onderzoeken. Peter hield een dag lang een dagboek bij van wat er tijdens de lessen op school gebeurde. Hij moest zoeken naar bewijzen die zijn kernovertuiging tegenspraken, en daarom schreef hij alle positieve en aardige dingen die anderen over hem zeiden op. Je kunt tenslotte geen slecht mens zijn als mensen positieve dingen over je zeggen!

Na een dag zag Peters dagboek er zo uit:

Wiskunde	Lerares gaf Peter een complimentje omdat hij zijn huiswerk had gedaan
Engels	Niets gezegd

8. KERNOVERTUIGINGEN

Natuurkunde	*Leraar maakte drie positieve opmerkingen over Peters werk en een opmerking over zijn positieve instelling*
Geschiedenis	*Niets gezegd*
Engels	*Niets gezegd*
Vrienden	*Peter werd na schooltijd door Richard uitgenodigd met hem mee naar huis te gaan.*

's Avonds bekeek Peter zijn dagboek. Hij was helemaal niet in de problemen gekomen, een aantal mensen had positieve dingen over hem gezegd, en Richard wilde na schooltijd met hem afspreken.

Hoewel Peter dit wel zag, was het nog niet genoeg om hem te doen twijfelen aan zijn kernovertuiging. Hij deed alles af met: 'Zo gaat het meestal niet.'

Denkspeurder hielp hem opnieuw. Peter maakte een **denkfout**, een zogenaamde **pretbederver**, waardoor alles wat positief is niet telt. **Denkspeurder** stelde voor dat Peter het dagboek een hele week bij zou houden. Op die manier kon Peter controleren of vandaag een uitzondering was of dat het misschien toch niet zo erg was als hij dacht.

Praat er met iemand anders over

Omdat kernovertuigingen heel erg sterk zijn, zul je misschien net als Peter merken dat het erg moeilijk is ze uit te dagen. Hierdoor kan het gebeuren dat je ieder bewijs dat je kernovertuiging niet altijd klopt afwijst.

In dat geval kan het nuttig zijn er met iemand anders over te praten. Praat er eens over met een goede vriend, vriendin of iemand anders waarmee je goed kunt opschieten en probeer er achter te komen of zij de dingen net zo zien als jij. Iemand anders komt soms met nieuwe informatie of ziet dingen die jij niet ziet of moeilijk kunt geloven.

➢ We zijn er heel goed in bewijzen te vinden die onze kernovertuigingen bevestigen. Dat doen we automatisch.
➢ Een dagboek of een lijst bijhouden van bewijzen die onze kernovertuigingen tegenspreken is een goede manier om te controleren of ze wel kloppen.
➢ Als je dit moeilijk vindt, praat er dan eens met iemand anders over. Misschien zit je vast en lukt het je niet je zwarte bril af te zetten. Soms kan iemand anders je wijzen op dingen die jij over het hoofd ziet.

Kernovertuigingen opsporen

Kies twee automatische gedachten uit die je heel vaak hebt en gebruik de 'EN WAT DAN NOG?-techniek om je kernovertuigingen te vinden.

Mijn negatieve gedachte:

EN WAT DAN NOG? *Als dit waar is, wat zegt dat dan over mij?*

EN WAT DAN NOG? *Als dit waar is, wat zegt dat dan over mij?*

Kernovertuigingen opsporen

Mijn negatieve gedachte:

EN WAT DAN NOG? *Als dit waar is, wat zegt dat dan over mij?*

EN WAT DAN NOG? *Als dit waar is, wat zegt dat dan over mij?*

Kernovertuigingen uitdagen

Kies een van je kernovertuigingen uit en schrijf de komende week **alles** op, hoe klein het ook is, wat bewijst dat deze kernovertuiging niet altijd klopt.

KERNOVERTUIGING:

BEWIJZEN TEGEN DEZE GEDACHTE:

Veelvoorkomende overtuigingen

Gebruik de gedachtethermometer op bladzijde 107 om aan te geven hoe sterk je het eens bent met de volgende uitspraken.

Het is belangrijk dat ik in alles wat ik doe, beter ben dan anderen

Cijfer voor deze gedachte:

Anderen zijn beter dan ik

Cijfer voor deze gedachte:

Niemand houdt van mij

Cijfer voor deze gedachte:

(veelvoorkomende overtuigingen, vervolg)

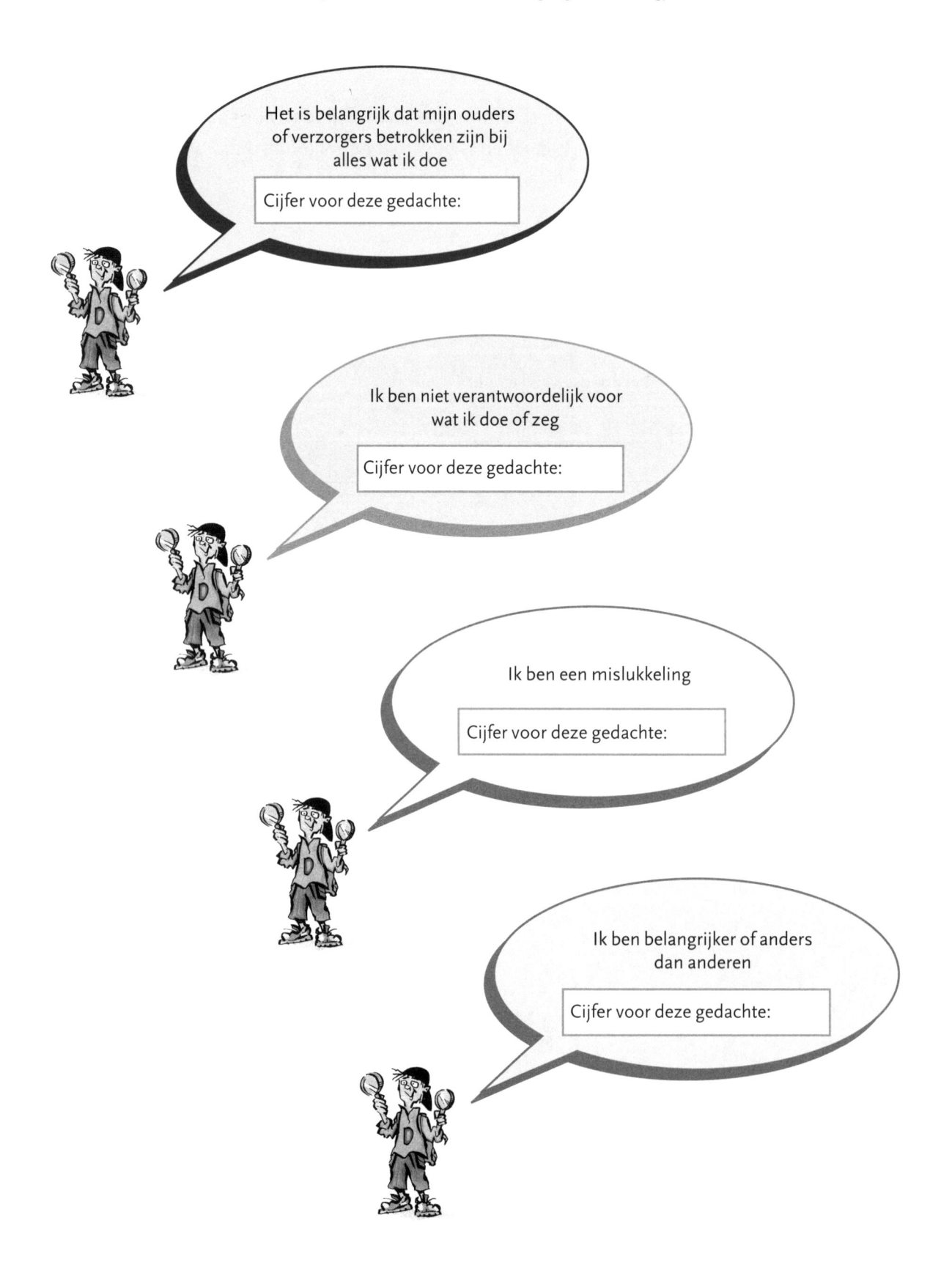

Het is belangrijk dat mijn ouders of verzorgers betrokken zijn bij alles wat ik doe

Cijfer voor deze gedachte:

Ik ben niet verantwoordelijk voor wat ik doe of zeg

Cijfer voor deze gedachte:

Ik ben een mislukkeling

Cijfer voor deze gedachte:

Ik ben belangrijker of anders dan anderen

Cijfer voor deze gedachte:

(veelvoorkomende overtuigingen, vervolg)

Als ik zeg wat ik eigenlijk wil zeggen worden anderen boos of verdrietig

Cijfer voor deze gedachte:

Ik moet mijn gevoelens niet aan anderen laten zien

Cijfer voor deze gedachte:

De wensen en ideeën van anderen zijn belangrijker dan die van mij

Cijfer voor deze gedachte:

Anderen willen me te pakken nemen of pijn doen

Cijfer voor deze gedachte:

(veelvoorkomende overtuigingen, vervolg)

Niemand begrijpt me

Cijfer voor deze gedachte:

De mensen waar ik van hou zijn er nooit voor me

Cijfer voor deze gedachte:

Anderen moeten me helpen, ik kan het niet alleen

Cijfer voor deze gedachte:

Ik heb altijd pech

Cijfer voor deze gedachte:

HOOFDSTUK 9
Word je gedachten de baas

We besteden erg veel tijd aan luisteren naar onze gedachten. Sommige gedachten zijn negatief en gaan over onszelf, wat we doen en wat we verwachten dat er in de toekomst gaat gebeuren. Zoals we al eerder gemerkt hebben, nemen we aan dat veel van deze gedachten kloppen, vooral de negatieve, zonder ons af te vragen of dat eigenlijk wel zo is. Hierdoor belanden we in een negatieve cirkel.

➢ De negatieve gedachten worden luider.
➢ Het wordt moeilijker om het geluid zachter te zetten en andere gedachten te horen.
➢ Naarmate we er meer naar luisteren, krijgen we meer onprettige gevoelens en gaan we steeds minder doen.

We hebben al een aantal van onze negatieve gedachten opgespoord en het een en ander geleerd over de verschillende denkfouten die we maken. Het is belangrijk om bewijsmateriaal te verzamelen waarmee we kunnen controleren of onze negatieve gedachten wel kloppen en waarmee we kunnen nagaan of we wel evenwichtig denken.

Sommige mensen hebben zo vaak negatieve gedachten en maken zo veel denkfouten dat de dag gewoonweg te kort is om ze allemaal te controleren en uit te dagen. Omdat ze er zo vaak zijn, moeten we een manier vinden om ze te laten ophouden zodra we merken dat ze er zijn.

Denkspeurder heeft een aantal manieren bedacht om je gedachten weer de baas te worden. Het valt niet altijd mee om ze te gebruiken en er zullen vast en zeker nog momenten zijn dat je je wel bewust bent van je gedachten, maar dat het je toch niet lukt om ze uit te zetten. Maak je daar maar geen zorgen om. Het is al heel mooi als je er zo nu en dan iets aan hebt. En vergeet niet: hoe meer je ermee oefent, hoe beter je erin wordt.

Afleiding zoeken

Het is je misschien opgevallen dat er bepaalde situaties zijn waarin je je vaak niet op je gemak voelt of regelmatig negatieve gedachten hebt. Dan heb je vast behoefte aan iets wat meteen helpt, zoals een manier om **afleiding** te zoeken.

> - **Afleiding zoeken** zorgt ervoor dat je niet steeds aan je negatieve gedachten denkt.
> - **Afleiding zoeken** helpt je om je gedachten onder controle te krijgen door aan iets anders te denken.
> - Als je naar je negatieve gedachten blijft luisteren, worden ze steeds luider en worden ze jou de baas.

Het idee achter **afleiding zoeken** is dat je jezelf traint om je gedachten bezig te houden met iets waar jij voor kiest. Je leert jezelf aan om je op iets anders te concentreren. In plaats van te luisteren naar gepieker of negatieve gedachten, richt je je aandacht bewust ergens anders op, zodat je de negatieve gedachten niet meer hoort.
Je kunt op verschillende manieren **afleiding zoeken**.

Beschrijf wat je ziet

Dit houdt in dat je voor jezelf heel precies beschrijft wat je ziet. Probeer dit zo snel mogelijk te doen en denk hierbij aan kleuren, vormen, afmetingen, geuren, structuur enzovoort.

Marieke is angstig

Marieke voelt zich vaak erg angstig tijdens de geschiedenisles. De lerares heeft haar een keer voor de hele klas voor schut gezet. Marieke denkt vaak aan dit voorval terug en het geeft haar nog steeds een angstig gevoel. Wanneer dit angstige gevoel weer bij Marieke opkomt, begint ze te piekeren en denkt ze eraan hoe ze zich voelt. Ze is dan bang dat ze een rood hoofd krijgt en flauwvalt.

Het wordt tijd dat Marieke haar gedachten weer de baas wordt. Het is beter voor haar te denken aan wat er om haar heen gebeurt, dan voortdurend bezig te zijn met hoe ze zich voelt. De volgende keer dat ze angstig werd, probeerde Marieke te beschrijven wat ze zag. Haar beschrijving ging als volgt:

'Ik zit in de klas met ongeveer vijftien andere kinderen. Mijn lerares, mevrouw Evers, staat voor de klas. Ze heeft een zwarte blouse aan, een rode trui met ronde hals en een zwarte rok tot op de knie. Er staat iets op het bord: wat voor datum het vandaag is, woensdag de zestiende, en het huiswerk voor vandaag, en dat is dat we ons kladwerk in het net moeten uitwerken. Sanne zit naast me. Ze heeft een wit t-shirt aan met opgerolde mouwen, een spijkerbroek en gympen. Ze heeft drie boeken op haar tafeltje, allemaal dichtgeslagen, en ze zit met haar potlood te friemelen.'

Toen ze zover was, begon Marieke zich al wat rustiger te voelen. Ze had haar piekergedachten uitgezet en was haar gedachten weer de baas. Zodra ze weer angstig werd, herhaalde Marieke dit totdat ze zich weer rustig voelde.

Denkpuzzels

Een andere manier om je gedachten bezig te houden is jezelf een of andere denkpuzzel opgeven. Dit kan van alles zijn, bijvoorbeeld:

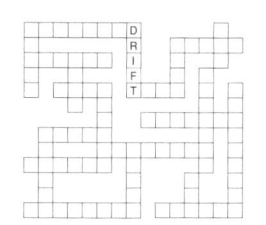

➢ vanaf 123 terugtellen in sprongen van negen,
➢ de namen van je familieleden van achteren naar voren spellen,
➢ de cd's van je lievelingsgroep opnoemen,
➢ de namen van alle spelers van je favoriete sportteam opnoemen.

De puzzel moet een uitdaging voor je zijn, dus maak het jezelf niet te gemakkelijk. Het idee is dat deze puzzel je gedachten vult zodat er geen plaats meer is voor storende negatieve gedachten.

Boeiende bezigheden

Sommige mensen kunnen ergens zo in opgaan dat ze nergens anders meer aan denken.

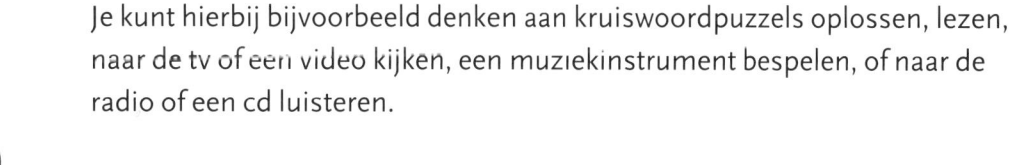

Je kunt hierbij bijvoorbeeld denken aan kruiswoordpuzzels oplossen, lezen, naar de tv of een video kijken, een muziekinstrument bespelen, of naar de radio of een cd luisteren.

Hoe meer je je concentreert op wat je doet, hoe beter het lukt negatieve gedachten uit te schakelen.

Probeer op momenten waarop je merkt dat je naar negatieve gedachten luistert, iets te gaan doen dat jouw aandacht vraagt. Bijvoorbeeld:

➢ In plaats van in bed te liggen luisteren naar je negatieve gedachten, zet je de stereo aan en luister je naar muziek.
➢ In plaats van erover te piekeren of je vriendin je wel zal opbellen, ga je een boek lezen of doe je een puzzel.

Hoe meer je hiermee oefent, hoe gemakkelijker het voor je wordt om negatieve gedachten uit te schakelen.

Helpende gedachten

Door negatieve gedachten wordt een angstig of verdrietig gevoel vaak sterker. In plaats van te luisteren naar je negatieve gedachten, kun je eens proberen ze te vervangen door **helpende gedachten.** Helpende gedachten zijn nuttig, omdat:

➢ ze je een meer ontspannen gevoel geven,
➢ ze je meer vertrouwen in jezelf geven,
➢ ze je stimuleren dingen te proberen in plaats van de moed op te geven en dingen uit de weg te gaan.

Helpende gedachten komen goed van pas wanneer je iets gaat doen waar je erg tegenop ziet. Neem je voor om op zo'n moeilijk moment niet te luisteren naar je twijfels en gepieker, maar jezelf in gedachten aan te moedigen en dingen tegen jezelf te zeggen die je helpen om te gaan met de situatie.

Positieve zelfspraak

We zijn er niet altijd even goed in onszelf een schouderklopje te geven wanneer iets lukt. Met **positieve zelfspraak** help je jezelf door de nadruk te leggen op wat er wél goed gaat.

➢ In plaats van te denken 'Ik heb nog maar één vraag beantwoord; ik krijg ze nooit alle tien af', gebruik je **positieve zelfspraak**. Je zegt bijvoorbeeld tegen jezelf 'Zo, de eerste vraag is klaar; nu door met de volgende.'
➢ In plaats van te denken 'niemand praat met me wanneer we uitgaan', gebruik je **positieve zelfspraak**. Je zegt bijvoorbeeld tegen jezelf 'Het is de eerste keer dat Rory iets tegen me heeft gezegd.'

Positieve zelfspraak helpt je in te zien dat het misschien niet allemaal perfect is, maar wel beter dan je eerst dacht!

Anja gaat niet graag naar buiten

Anja wordt heel gespannen en angstig wanneer ze het huis uitgaat. Ze heeft veel negatieve gedachten over wat er zal gebeuren en die gedachten geven haar een erg gespannen gevoel. Anja besloot de volgende keer dat ze naar buiten ging eens te proberen helpende gedachten en positieve zelfspraak te gebruiken. Ze besloot niet meer te luisteren naar haar twijfels en gepieker, maar anders te gaan denken.

Voordat ze naar buiten ging herhaalde ze in zichzelf haar **helpende gedachten**. Anja zei tegen zichzelf 'Dit ga ik vandaag doen', 'Het komt allemaal wel goed', 'Ik ben wel eerder buiten geweest en toen was alles in orde', 'Ik voel me ontspannen, ik kan het aan en ik wil naar buiten.'

Terwijl Anja de straat uitliep, gebruikte ze **positieve zelfspraak**, ze zei bijvoorbeeld tegen zichzelf 'Goed zo, ik ben al halverwege', 'Ik wist wel dat ik het kon', 'Het gaat prima' en 'Ik weet dat het gaat lukken.' Anja bleef deze gedachten in zichzelf herhalen totdat ze weer thuis was.

Toen Anja weer thuis was gaf ze zichzelf een compliment en dacht 'Goed gedaan', 'Het viel best wel mee.' Daarna trakteerde ze zichzelf op een lang, ontspannend schuimbad.

Gedachten stoppen

Soms merk je dat je je gedachten maar heel eventjes kunt stilzetten voordat ze weer beginnen. Een techniek die je dan kunt gebruiken is **gedachten stoppen**. Zodra je je bewust wordt van negatieve gedachten doe je het volgende:

> Zeg onmiddellijk hardop **STOP**.
> Sommige mensen vinden dat het helpt als je hierbij met je vuist op tafel slaat of een tafel of stoel stevig vastpakt.
> Denk hierna meteen aan de gedachte die je hebt bedacht als vervanger voor deze negatieve gedachte en herhaal die een paar keer hardop.

Omar gaat op sollicitatiegesprek

Omar had een afspraak voor een sollicitatiegesprek. Terwijl hij zat te wachten tot hij aan de beurt was, schoten er voortdurend negatieve gedachten door zijn hoofd:

'Je krijgt die baan toch niet', 'Ik krijg vast een rood hoofd en weet niets meer te zeggen wanneer ze me iets vragen', 'Ik zie er stom uit in dit pak.'

Omar had er genoeg van. Hij werd steeds zenuwachtiger. Hij besloot zijn gedachten te stoppen. Hij zei luid en duidelijk tegen zichzelf: **'STOP'**.

Zodra hij dit had gezegd, verving hij zijn negatieve gedachten door helpende gedachten: 'Dit is niet gemakkelijk, maar ik wil deze baan en ik ga het proberen. Het geeft niet als ik een rood hoofd krijg. Ik beantwoord de vragen zo goed ik kan.'

Omar herhaalde dit een aantal malen bij zichzelf en merkte dat hij rustiger werd.

Gedachten stoppen is een manier om de cassette in je hoofd te verwisselen. In plaats van te blijven luisteren naar een negatieve cassette, zet je met **gedachten stoppen** het bandje uit en je verwisselt het voor iets meer evenwichtigs.

Zet het geluid zachter

Een andere manier om je negatieve gedachten te stoppen is je een beeld te vormen van de cassetterecorder in je hoofd die steeds een negatief bandje afspeelt. Stel je voor hoe de cassetterecorder eruitziet en noem zoveel mogelijk details.

➢ Hoe ziet hij eruit?
➢ Hoe groot is hij en wat voor kleur heeft hij?
➢ Waar zitten de knopjes?
➢ Hoe zet je hem aan en uit?
➢ Hoe zet je hem harder of zachter?

Hoe sterker je je op de cassetterecorder concentreert, hoe duidelijker het plaatje wordt. Zodra je er een goed beeld van in je hoofd hebt, stel je je voor dat je aan de knoppen gaat draaien.

➢ Merk hoe het geluid harder wordt, als je de volumeknop omhoog draait.
➢ Merk hoe het geluid zachter wordt, als je de volumeknop terugdraait.
➢ Merk hoe stil het wordt, als je op het uitknopje drukt.
➢ Merk hoe het geluid terugkomt zodra je het apparaat weer aanzet.

Oefen met de knoppen. Hoe meer je oefent, hoe gemakkelijker het wordt. Zodra je merkt dat je weer naar je negatieve gedachten luistert, roep je het beeld van de cassetterecorder in je hoofd op en zet je het geluid zacht of doe je het apparaat helemaal uit.

Onderzoek je gedachten

Soms is het nuttig je gedachten en overtuigingen te onderzoeken door middel van een experiment. Op deze manier kun je erachter komen of wat je verwacht dat er zal gebeuren ook werkelijk gebeurt. Dit is vooral nuttig als je vaak de denkfouten van de gedachtelezer of de kristallen bol maakt, waarmee je voorspelt dat iets niet gaat lukken.

Het huiswerk van Julia

Julia was ervan overtuigd dat ze in geen enkel schoolvak goed was. Ze dacht dat ze de opdrachten altijd verkeerd deed. Om te onderzoeken of dit klopte, schreef Julia de cijfers op die ze kreeg op haar eerstvolgende tien huiswerkopdrachten.

Kernovertuiging: Ik ben niet slim.

Automatische gedachten: Ik doe mijn huiswerk altijd fout. Ik kan het niet.

Experiment: De cijfers die ik krijg voor mijn volgende tien huiswerkopdrachten.

Wat ik verwacht dat er gaat gebeuren (mijn voorspelling): Ik krijg slechte cijfers (lager dan een zes) voor al mijn huiswerkopdrachten.

1. *Nederlands 3. Je moet meer schrijven, Julia, en let erop dat je een antwoord geeft op de vraag.*
2. *Wiskunde 7. Goed zo, Julia. Mooi werk.*
3. *Wiskunde 7. Ga zo door, Julia.*
4. *Nederlands 4. Beantwoord alsjeblieft de vragen, Julia.*
5. *Aardrijkskunde 6. Mooie kaart.*
6. *Tekenen 9. Uitstekend gedaan.*
7. *Nederlands 2. Kom even met me praten, Julia. Dit kan zo niet.*
8. *Geschiedenis 5. Je kunt wel beter.*

9. *Wiskunde 8. Goed gedaan.*
10. *Nederlands 4. Let op je spelling en probeer duidelijker te schrijven.*

Het experiment liet zien dat Nederlands voor Julia een probleem was. Zoals Julia al dacht, haalde ze slechte cijfers en ze gaf geen antwoord op de vragen. Verder vond haar geschiedenisleraar dat ze wel beter kon, **maar** de cijfers voor de andere vijf huiswerkopdrachten (wiskunde, tekenen en aardrijkskunde) waren goed. Het was dus toch mogelijk meer evenwichtig tegen haar huiswerk aan te kijken.

Gooi ze weg

Gedachten schieten door ons hoofd.

➢ Niemand hoort ze.
➢ Niemand vraagt zich af of ze kloppen.

Soms is het nuttig om je hoofd leeg te maken en je gedachten weg te gooien.

Schrijf je negatieve gedachten 's avonds op een papiertje. Je kunt ze ook intypen op de computer en uitprinten als je dat liever doet.

Probeer je al je negatieve gedachten te herinneren en schrijf ze op.

Klaar? Frommel het papier stevig op en gooi je de gedachten in de prullenbak!

Er zijn verschillende manieren om je gedachten de baas te worden.

Je hebt waarschijnlijk een aantal manieren nodig.

De manier waar je voor kiest, helpt niet altijd.

Hoe meer je oefent, hoe gemakkelijker het wordt. Dus hou vol.

Onderzoek je gedachten en overtuigingen

1. Welke negatieve overtuiging of gedachte hoor je het vaakst?

2. Gebruik de gedachtethermometer op bladzijde 107 om aan te geven hoe sterk je in deze gedachte gelooft.

3. Welk experiment kun je bedenken om te onderzoeken of de gedachte klopt?

4. Wanneer ga je je experiment uitvoeren?

5. Als je overtuiging of gedachte klopt, wat voorspel je dan dat er gaat gebeuren?

6. Wat gebeurde er in het echt?

7. Geef op de gedachtethermometer aan hoe sterk je nu in deze gedachte gelooft.

Gedachten uitdagen

Spoor samen met Denkspeurder de storende of negatieve gedachte op die je het vaakst hoort.

De negatieve gedachte die ik het vaakst heb is....

Kijk naar **al** het bewijsmateriaal. Wat zou een meer evenwichtige gedachte zijn?

Een meer evenwichtige gedachte is...

Zodra je merkt dat je deze negatieve gedachte hebt:

1 Zeg je **STOP** tegen jezelf.
2 Herhaal je je evenwichtige gedachte twee of drie keer. Dit helpt om het geluid van de negatieve gedachte zachter te zetten.

➢ Het is nuttig om te oefenen met evenwichtig denken. Herhaal je evenwichtige gedachte iedere ochtend na het opstaan twee of drie keer.
➢ Luister niet zomaar naar negatieve gedachten. Bedenk een vervangende gedachte en zet het geluid zacht.

Zoeken naar het positieve

Het lijkt wel alsof we altijd alles zien wat niet helemaal goed is en maar weinig oog hebben voor de positieve of goede dingen die we meemaken.

Bedenk iedere avond voordat je naar bed gaat drie dingen die je die dag een goed gevoel gaven. Dat kan van alles zijn, bijvoorbeeld:

➤ prettige gedachten over jezelf,
➤ positieve gedachten over wat je hebt gedaan of bereikt,
➤ bezigheden waar je een goed gevoel van kreeg,
➤ dingen die anderen gezegd hebben die je een goed gevoel gaven.

Schrijf iedere dag drie dingen op in een geheim dagboek of op een groot vel papier op de muur van je slaapkamer.

Als het je niet lukt drie goede dingen te bedenken, vraag dan iemand om je te helpen.

➤ Wanneer de lijst groeit, besef je dat je wel degelijk positieve dingen meemaakt.

Positieve zelfspraak

We hebben meestal weinig oog voor wat ons allemaal lukt.
We denken vaker aan wat er misging of wat niet helemaal goed was. Wanneer dat bij jou het geval is, kun je je negatieve gedachten te lijf te gaan met positieve zelfspraak.

Schrijf iedere avond een aantal van je negatieve gedachten op.

Mijn negatieve gedachten waren:

Controleer je gedachten en kijk of je niet iets positiefs over het hoofd hebt gezien.

De positieve dingen die ik over het hoofd heb gezien zijn:

Wat wordt nu je positieve zelfspraak?

➢ Misschien vind je dit eerst moeilijk, maar dat geeft niet. Hoe meer je oefent, hoe gemakkelijker het wordt.
➢ Wanneer je weer negatieve gedachten hoort, zet ze dan uit, kijk naar wat wél goed gaat en gebruik positieve zelfspraak.

Helpende gedachten

Sommige gedachten helpen ons niet. Ze maken ons juist angstig of onzeker. Door deze gedachten denken we dat het allemaal niet goed komt en verwachten we dat er iets akeligs gaat gebeuren. Je voelt je beter wanneer je leert deze gedachten op te sporen en ze te vervangen door helpende gedachten.

Denk samen met Denkspeurder na over een situatie of gebeurtenis die je een angstig of onprettig gevoel geeft. Schrijf de gedachten die in deze situatie door je hoofd schieten op of teken ze. Bedenk daarna door welke helpende gedachten je deze gedachten kunt vervangen.

De situatie of gebeurtenis waardoor ik me angstig of onzeker voel is:

De gedachten die me een angstig gevoel geven zijn:

Mijn helpende gedachten zijn:

➤ Zorg ervoor dat je je beter voelt door de volgende keer in die situatie je helpende gedachten in jezelf te herhalen.

De 'brandkast voor piekergedachten'

Soms is het moeilijk te stoppen met piekeren en de gedachten die maar door je hoofd blijven gaan uit te zetten.

In dat geval is het een goed idee deze gedachten te tekenen of op te schrijven en achter slot en grendel op te bergen!

- ➤ Zoek een doos en maak een brandkast voor je piekergedachten. Versier de doos op je eigen manier en bedenk een plek waar je hem kunt bewaren.
- ➤ Wanneer je merkt dat je niet kunt ophouden met piekeren, pak dan een vel papier en schrijf je gedachten op of teken ze.
- ➤ Stop ze in je brandkast wanneer je ermee klaar bent.
- ➤ Maak de brandkast aan het einde van de week open en praat over je piekergedachten met je vader, moeder of iemand anders die je vertrouwt.

- ➤ Wanneer je zorgen in de brandkast liggen, kunnen ze je niet zo gemakkelijk meer lastigvallen.

Zet de cassette uit

Soms hoor je dezelfde piekergedachten of negatieve gedachten steeds maar weer. Het is alsof je luistert naar een cassettebandje in je hoofd.

➤ Het bandje blijft maar draaien.
➤ Je hoort steeds weer dezelfde gedachten.
➤ Het bandje wordt nooit verwisseld.
➤ Het geluid wordt nooit zachter gezet.

Dan is het handig als je weet hoe je de cassette uit kunt zetten.

Stap 1: zie de cassetterecorder in gedachten voor je
➤ Zie in gedachten een cassetterecorder voor je die steeds hetzelfde bandje speelt in je hoofd.
➤ Je kunt naar een echte cassetterecorder kijken om je een beter beeld te vormen.
➤ Bekijk de cassetterecorder heel goed en let erop hoe je hem aan en uit kunt zetten, waar je het bandje erin stopt, en hoe je het geluid harder en zachter zet.

Stap 2: zet de cassette in gedachten uit
➤ Zie de cassetterecorder voor je en stel je voor dat je er een cassette in doet.
➤ Wanneer je het apparaat aanzet, begint het bandje te spelen en hoor je je gepieker en je negatieve gedachten.
➤ Stel je nu voor dat je de cassetterecorder uitzet. Concentreer je heel sterk op het uitknopje en let erop hoe de gedachten ophouden wanneer je het knopje indrukt.
➤ Oefen met het aan- en uitzetten van de cassetterecorder, en let op hoe het uitknopje je negatieve gedachten stopzet.

Let op: hoe meer je oefent, hoe gemakkelijker het wordt.

Oefen dat het je lukt

Wanneer we iets nieuws of moeilijks moeten doen, denken we vaak dat het ons niet zal lukken. We zijn erg goed in het voorspellen van mislukking en denken al gauw dat het allemaal fout zal lopen.

Door deze manier van denken gaan we ons zenuwachtig voelen en zien we op tegen alles wat nieuw is of ons moeilijk lijkt.

Een goede manier om hiermee om te gaan is de situatie in gedachten voor je te zien en met jezelf door te nemen wat er gaat gebeuren, maar deze keer de afloop zo te veranderen dat het wél lukt.

Stap 1: zie de situatie in gedachten voor je
Maak het zo echt mogelijk en beschrijf de situatie uitgebreid. Je kunt denken aan:
➢ wie erbij is,
➢ hoe laat het is,
➢ wat je aan hebt,
➢ de kleuren, geuren en geluiden.

Stap 2: spreek de situatie met jezelf door
Denk nu na over wat er gaat gebeuren. Spreek het met jezelf door.
➢ wat ga je doen?
➢ wat ga je zeggen?
➢ wat doen de anderen?
➢ wat zeggen zij?
➢ wat gebeurt er dan?

Een paar keer in gedachten oefenen is een goede voorbereiding. Ook al is een bepaalde situatie moeilijk, je hebt er nu wel een beeld van hoe het eruitziet als je er goed mee omgaat.

Gedachten stoppen

Soms blijven dezelfde storende gedachten maar ronddraaien in ons hoofd. Hoe vaker we ze horen:

➢ hoe meer we erin gaan geloven,
➢ hoe meer we gaan zoeken naar bewijs voor deze gedachten.

Wanneer we ze controleren, komen we er vaak achter dat we maar een deel van het plaatje zien en dat is gewoonlijk het negatieve deel. Het is belangrijk dat je probeert zulke gedachten te laten ophouden.

Een handige manier om dit te doen is met een elastiekje om je pols.

Zodra je merkt dat je weer naar dezelfde storende gedachten luistert, trek je het elastiekje aan en laat het schieten.

Het elastiekje doet een beetje pijn, maar het helpt wel om de gedachten te laten ophouden!

HOOFDSTUK 10
Hoe je je voelt

Het zal je wel opgevallen zijn dat je op een dag een heleboel verschillende gevoelens hebt. Je kunt bijvoorbeeld:

- **zenuwachtig** wakker worden omdat je naar school moet,
- **vrolijk** zijn wanneer je onderweg naar school met je vrienden en vriendinnen praat,
- **boos** zijn wanneer je vriend vergeet de cd mee te nemen die je wilde lenen,
- een **gespannen** gevoel hebben over je geschiedenishuiswerk,
- **ontspannen** zijn wanneer je 's avonds tv zit te kijken.

Je zult merken dat:

- sommige gevoelens maar heel **kort duren**,
- andere **heel lang blijven hangen**,
- sommige zo **zwak** zijn dat je niet eens merkt dat ze er zijn,
- andere **heel sterk** zijn en alles lijken te overheersen.

Het eerste wat ons de doen staat is meer te weten komen over de verschillende gevoelens die je hebt. Dat is niet altijd gemakkelijk, want:

- soms weten we niet precies wat voor gevoel we hebben,
- vaak vegen we alle gevoelens die we hebben op een hoop.

Om je te helpen je gevoelens te ontdekken, kun je de hulp van **Voelspriet** inroepen. **Voelspriet** kan je helpen ontdekken:

- welke gevoelens je hebt,
- welke gevoelens het sterkst zijn,
- waar de kans op deze gevoelens het grootst is,
- welke gedachten bij deze gevoelens horen.

Welke gevoelens heb ik?

Leren je gevoelens te herkennen is belangrijk, want dat kan je helpen een manier te vinden om ermee om te gaan. Ademhalingsoefeningen kunnen je bijvoorbeeld helpen als je gespannen of angstig bent, maar niet als je verdrietig bent.

Drie van de sterkste en meest voorkomende onprettige gevoelens zijn spanning, verdriet en boosheid.

Spanning

Wanneer mensen gespannen of zenuwachtig zijn merken ze dat aan een aantal verschillende symptomen. Het verschilt van persoon tot persoon hoe spanning zich uit. We noemen een aantal voorbeelden:

- misselijk gevoel,
- vlinders in je buik,
- buiten adem zijn,
- zweten,
- zwaar gevoel in de benen of knikkende knieën,
- een rood hoofd krijgen,
- licht gevoel in het hoofd,
- flauwvallen,
- pijnlijke spieren,
- ineens niets meer weten,
- moeilijk beslissingen kunnen nemen.

Verdriet

Iedereen voelt zich wel eens verdrietig, maar bij sommige mensen beheerst dit gevoel hun hele leven en ze voelen zich depressief. Dit uit zich bijvoorbeeld in:

- regelmatig het gevoel hebben dat je moet huilen,
- huilen om niets of om kleine dingen,
- 's morgens vroeg wakker worden,
- 's avonds moeite hebben met in slaap vallen,
- je voortdurend moe voelen en weinig energie hebben,
- te veel eten of eetlust verliezen,
- concentratieproblemen,
- geen belangstelling meer hebben voor dingen die je eerder wel leuk vond,
- minder vaak het huis uit gaan.

Omdat deze gevoelens vaak heel sterke lichamelijke reacties veroorzaken, denken mensen soms dat ze ziek zijn. Deze symptomen leiden er vervolgens toe dat ze bepaalde dingen niet meer doen of uit de weg gaan.

➢ 'Ik slaap slecht en kan me niet concentreren, daarom heb ik mijn weekendbaantje opgezegd.'

De lichamelijke reacties zijn echt aanwezig, maar het is mogelijk dat je toch niet ziek bent. Misschien worden de symptomen veroorzaakt door negatieve gedachten. Als je niet zeker weet waar het aan ligt of je wilt zeker weten dat je echt niet ziek bent, ga dan even met je huisarts praten.

Boosheid

Boosheid is een gevoel dat vaak voorkomt en dat op allerlei manieren naar buiten kan komen:

➢ schreeuwen, gillen en krijsen,
➢ vloeken en dreigen,
➢ met dingen gooien,
➢ dingen kapot maken,
➢ met deuren smijten,
➢ slaan, schoppen, vechten,
➢ jezelf iets willen aandoen.

Gevoelens en wat je doet

Een gevoel komt niet zomaar uit de lucht vallen. Er is gewoonlijk iets wat het oproept. Herinner je je de **magische cirkel** nog? Dan weet je vast ook nog wel dat je gevoel wordt beïnvloed door wat je doet en wat je denkt.

Voelspriet laat mensen zien dat ze verschillende gevoelens hebben op **verschillende plaatsen**.

➢ Op school voel je je **zenuwachtig.**
➢ Thuis voel je je **ontspannen.**
➢ In de stad voel je je **onzeker.**

Je merkt dat je verschillende gevoelens hebt wanneer je met **verschillende dingen bezig** bent.

- Wanneer je tv kijkt, voel je je **rustig**.
- Wanneer je met mensen praat, voel je je **zenuwachtig**.
- Wanneer je wiskunde hebt, voel je je **opgewekt**.
- Wanneer je aan het sporten bent, voel je je **gespannen**.

Je merkt ook dat je je anders voelt bij **verschillende mensen**.

- Bij je vader voel je je **boos**.
- Bij je beste vriend of vriendin voel je je **ontspannen** en zeker van jezelf.
- Bij je leraar of lerares voel je je **op je gemak**.
- Bij je zus voel je je **nerveus**.

Dit zijn voorbeelden van hoe je je ergens, of bij iets of iemand kunt voelen. Het is heel goed mogelijk dat jij je daar heel anders voelt.

Gevoelens en wat je denkt

Onze gedachten wekken gevoelens op.

- Als je **denkt** dat je geen vrienden of vriendinnen hebt, geeft dat je **verdrietig gevoel**.
- Als je **denkt** dat iemand je niet mag, geeft dat je een **onzeker gevoel**.
- Als je **denkt** dat je je huiswerk goed hebt gedaan, geeft dat je een **tevreden gevoel**.

Alles op een rijtje

Als je dit allemaal op een rijtje zet, zul je zien dat er een patroon in zit.

Wat je doet	Hoe je je voelt	Wat je denkt
Alleen thuisblijven	Verdrietig	Ik heb geen vrienden
Uitgaat met Niels	Blij	We hebben samen altijd lol
Naar school gaan	Gespannen	Ik krijg nooit alles klaar
Kleren kopen	Boos	Ik kan nooit iets vinden dat me goed staat
In bad gaan	Ontspannen, rustig	Ik lig hier heerlijk

➤ Hoe we ons voelen wordt bepaald door wat we doen en wat we denken.
➤ Probeer de verschillende gevoelens die je hebt te benoemen.
➤ Ga na of de sterkste gevoelens die je hebt samenhangen met bepaalde gedachten of dingen die je doet.

Gevoelens en wat je denkt

Gedachten die me een **GOED** gevoel geven:

1

2

3

Gedachten die me een **NAAR** gevoel geven:

1

2

3

Gevoelens en wat je doet

Bezigheden en andere dingen waardoor ik me **GOED** voel:

1

2

3

Bezigheden en andere dingen waardoor ik me **NAAR** voel:

1

2

3

De woordzoeker van Voelspriet

Kun jij de gevoelens vinden die **Voelspriet** heeft verstopt?

Blij	Ongelukkig	Opgewonden	Beledigd
Boos	Onzeker	Ontspannen	Verward
Bang	Verdrietig	Schuldig	Overstuur
Angstig	Rusteloos	Beschaamd	Woedend
Chagrijnig	Somber	Verlegen	
Gespannen	Rustig	Ongerust	
Zenuwachtig	Treurig	Nerveus	

Welke gevoelens heb jij het vaakst?

n	s	v	b	o	n	z	e	k	e	r	g	p	o	x	c	b
v	w	w	a	e	r	k	g	t	s	j	b	j	v	b	n	e
m	d	v	n	f	r	u	s	t	i	g	v	o	e	l	k	s
k	p	n	g	v	w	s	m	i	t	r	e	u	r	i	g	c
f	o	m	p	b	r	u	s	t	e	l	o	o	s	j	a	h
z	p	r	h	s	c	h	u	l	d	i	g	p	t	j	q	a
d	g	f	n	s	h	e	b	g	s	o	c	e	u	h	z	a
f	e	b	d	o	a	r	z	e	w	m	s	f	u	f	e	m
p	w	e	t	j	g	t	x	s	o	m	b	e	r	d	n	d
v	o	l	g	u	r	g	u	p	e	a	n	w	a	u	u	w
e	n	e	b	r	i	v	h	a	d	b	t	r	c	j	w	v
r	d	d	o	f	j	c	p	n	e	r	v	e	u	s	a	e
w	e	i	o	q	n	u	l	n	n	l	t	e	f	c	r	
a	n	g	s	t	i	g	p	e	d	h	d	h	o	z	h	l
r	s	d	p	c	g	i	o	n	g	e	r	u	s	t	t	e
d	w	g	h	j	a	o	v	e	r	d	r	i	e	t	i	g
s	o	n	t	s	p	a	n	n	e	n	b	p	a	l	g	e
c	e	r	m	o	n	g	e	l	u	k	k	i	g	l	w	n

Welk gevoel hoort waar?

We hebben verschillende gevoelens op verschillende plaatsen. Trek een lijn van iedere plek naar het gevoel dat het beste aangeeft hoe je je daar voelt. Gebruik voor iedere lijn een andere kleur.

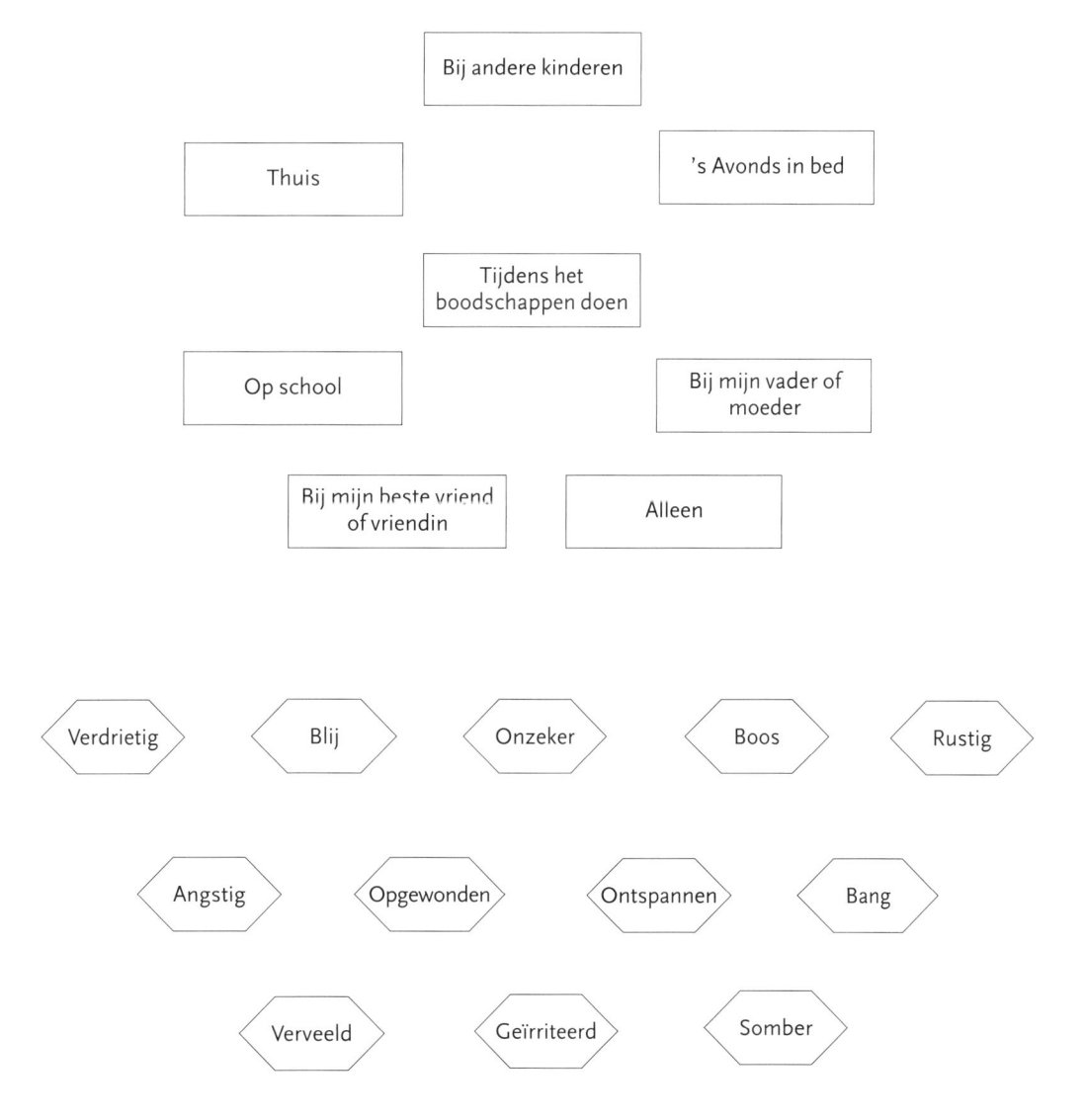

- Bij andere kinderen
- Thuis
- 's Avonds in bed
- Tijdens het boodschappen doen
- Op school
- Bij mijn vader of moeder
- Bij mijn beste vriend of vriendin
- Alleen

Gevoelens:
- Verdrietig
- Blij
- Onzeker
- Boos
- Rustig
- Angstig
- Opgewonden
- Ontspannen
- Bang
- Verveeld
- Geïrriteerd
- Somber

Mijn gevoelens

➢ Denk na over alle verschillende (prettige en onprettige) gevoelens die je wel eens hebt en teken of schrijf ze op een vel papier.

➢ Kies voor ieder gevoel een andere kleur pen of potlood (je kunt bijvoorbeeld rood kiezen voor blij, blauw voor verdrietig enzovoort).

➢ Teken met deze kleuren je gevoelens op het plaatje hieronder.

➢ Probeer te laten zien hoeveel je van ieder gevoel in je hebt.

Wat gebeurt er wanneer ik me verdrietig voel?

Denk eens aan iets waardoor je je heel verdrietig en ongelukkig voelde. Hoe kan iemand anders zien dat jij je zo voelt?

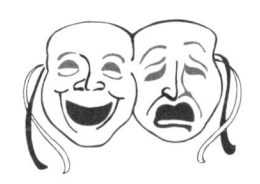

Hoe ziet jouw gezicht eruit wanneer je verdrietig bent?

Hoe laat jouw lichaam zien dat je je ongelukkig voelt?

Hoe gedraag jij je wanneer je je ongelukkig voelt?

Hoe vaak voel jij je ongelukkig?

Nooit   Altijd

1   2   3   4   5   6   7   8   9   10

Wat gebeurt er wanneer ik me boos voel?

Denk eens aan iets waardoor je je heel chragrijnig en boos voelde. Hoe kan iemand anders zien dat jij je zo voelt?

Hoe ziet jouw gezicht eruit wanneer je boos bent?

Hoe laat jouw lichaam zien dat je boos bent?

Hoe gedraag jij je wanneer je boos bent?

Hoe vaak ben jij boos?

Nooit   Altijd

1   2   3   4   5   6   7   8   9   10

Wat gebeurt er wanneer ik me zenuwachtig voel?

Denk eens aan iets waardoor je je heel zenuwachtig of gespannen voelde. Hoe kan iemand anders zien dat jij je zo voelt?

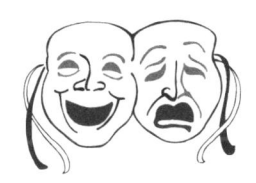

Hoe ziet jouw gezicht eruit wanneer je zenuwachtig of gespannen bent?

Hoe laat jouw lichaam zien dat je zenuwachtig of gespannen bent?

Hoe gedraag jij je wanneer je zenuwachtig of gespannen bent?

Hoe vaak voel jij je zenuwachtig of gespannen?

Nooit   Altijd
  1   2   3   4   5   6   7   8   9   10

Wat gebeurt er wanneer ik me blij voel?

Denk eens aan iets waardoor je je heel blij voelde. Hoe kan iemand anders zien dat jij je zo voelt?

Hoe ziet jouw gezicht eruit wanneer je blij bent?

Hoe laat jouw lichaam zien dat je blij bent?

Hoe gedraag jij je wanneer je blij bent?

Hoe vaak voel jij je blij?

Nooit   Altijd
  1   2   3   4   5   6   7   8   9   10

Gevoelens en plaatsen

Schrijf alle verschillende gevoelens die jij wel eens hebt op een vel papier.

Maak daarna een lijst van de belangrijkste plaatsen, mensen en bezigheden in je leven. Je zou bijvoorbeeld kunnen denken aan:

1 mijn moeder,
2 mijn vader,
3 opa en oma,
4 beste vriend(in),
5 andere kinderen,
6 school,
7 thuis,
8 club/vereniging,
9 sporten, spelletjes doen, een boek lezen,
10 's avonds in bed,
11 tv kijken,
12 huiswerk maken,
13 ergens heen gaan waar ik nog nooit eerder ben geweest,
14 naar school gaan,
15 bij vrienden/vriendinnen zijn.

Geef bij alle dingen op je lijst aan welke gevoelens erbij horen.

Bij wie of waar voel je je het prettigst?

Bij wie of waar voel je je het minst prettig?

De gevoelsthermometer

Gebruik de gevoelsthermometer om aan te geven hoe sterk je gevoel is.

10 Heel sterk

9

8

7 Vrij sterk

6

5

4 Zwak

3

2

HOOFDSTUK 11
Word je gevoel de baas

Voelspriet heeft ons geholpen te ontdekken dat de plaatsen waar we naartoe gaan of de dingen die we doen, soms sterke gevoelens oproepen. Zo kan het je opvallen dat je:

➢ je **zenuwachtig** voelt wanneer je **uitgaat,**
➢ je **thuis rustig** en veilig voelt,
➢ je **onzeker voelt** wanneer je **bij anderen** bent,
➢ je **ontspannen** en opgewekt voelt wanneer je **alleen** bent.

We proberen dingen te doen of naar plaatsen te gaan die ons een prettig gevoel geven, en we proberen de dingen en plaatsen waardoor we ons onprettig voelen te vermijden.

Dat lijkt logisch, want wie wil zich nu het grootste deel van de dag naar voelen?

Maar soms gaat je gevoel je leven beheersen, waardoor je **minder vaak of helemaal niet meer** doet wat je eigenlijk zou willen.

➢ Je **wilt** bijvoorbeeld wel uitgaan, maar omdat je zo zenuwachtig bent, heb je **het gevoel dat je het niet aankunt.**
➢ Je **wilt** wel iets met je vrienden gaan doen, maar omdat je je zo onzeker voelt, **durf je het niet aan** om iets af te spreken.
➢ Je **wilt** eigenlijk een vriendin opbellen, maar omdat je je zo verdrietig voelt, **voel je je er niet toe in staat.**

Je gevoel weerhoudt je er dan van te doen wat je eigenlijk wilt doen. Door te leren hoe je je gevoel de baas wordt, kun je je hier overheen zetten.

Voelspriet heeft ontdekt dat er verschillende manieren zijn om je gevoel de baas te worden.

Leren ontspannen

Er zijn verschillende manieren om te leren ontspannen. Je kunt bijvoorbeeld een serie oefeningen doen waarbij je bepaalde spiergroepen in je lichaam eerst aanspant en dan weer ontspant. Of je kunt in gedachten een ontspannend beeld oproepen, waardoor je je prettiger gaat voelen. Belangrijke punten hierbij zijn:

➤ Het is niet zo dat **één manier** om te ontspannen de beste is.
➤ Mensen vinden **verschillende methodes** op verschillende momenten nuttig.
➤ Het is belangrijk dat je **ontdekt wat voor jou werkt**.

Lichamelijke ontspanning

Deze methode duurt gewoonlijk ongeveer tien minuten en helpt erg goed als je je voortdurend gespannen of geïrriteerd voelt. Je doet een serie korte oefeningen waarbij je alle belangrijke spiergroepen in je lichaam ongeveer vijf tellen aanspant en dan weer ontspant.

Let er goed op hoe je spieren aanvoelen als je ze aanspant en ook hoe ze aanvoelen als je ze weer ontspant. Je zult merken dat sommige delen van je lichaam meer gespannen zijn dan andere. Probeer te ontdekken waar je de meeste spanning opbouwt.

Aan het eind van de oefening voel je je helemaal ontspannen. Geniet maar van dat prettige gevoel. Sommige mensen doen deze oefening graag voor ze naar bed gaan. Het geeft niet als je in slaap valt. En het is net zoals met allerlei andere dingen: hoe meer je oefent, hoe beter en sneller je je kunt ontspannen.

Er zijn allerlei cassettebandjes met ontspanningsoefeningen te koop. Kies een bandje uit dat je prettig en rustgevend vindt. Als je geen geschikt bandje kunt vinden, probeer dan de volgende oefeningen maar eens. Maar denk voordat je begint aan het volgende:

➤ Doe de oefeningen op een warme, rustige plek.
➤ Ga op een gemakkelijke stoel zitten of ga op bed liggen.
➤ Zorg ervoor dat je niet gestoord wordt.
➤ Span je spieren net genoeg aan om de spanning te voelen. Overdrijf het niet.
➤ Hou je spieren ongeveer drie tot vijf tellen aangespannen.
➤ Span iedere spiergroep twee keer aan.
➤ Probeer een spier niet weer te bewegen nadat je hem aangespannen en ontspannen hebt.

Snelle ontspanningsoefeningen

Armen en handen: bal je handen tot vuisten en strek je armen recht voor je uit.
Benen en voeten: laat je tenen naar beneden wijzen, til je benen langzaam op en strek ze naar voren.
Buik: maak je buik bol door je buikspieren aan te spannen, adem in en hou je adem in.
Schouders: trek je schouders op naar je oren.
Nek: druk je hoofd naar achteren tegen de stoel of het bed aan.
Gezicht: knijp je gezicht samen, knijp je ogen stijf dicht en pers je lippen op elkaar.

Lichaamsbeweging

Sommige mensen vinden dat **lichaamsbeweging** net zo goed helpt als het systematisch aan- en ontspannen van je spieren. Dat is ook wel logisch, want met lichaamsbeweging doe je precies hetzelfde: je spant en ontspant je spieren.

Een lekker stuk hardlopen, een korte wandeling of een paar baantjes zwemmen kan je helpen een boos of gespannen gevoel kwijt te raken.

Als lichaamsbeweging jou goed helpt, maak daar dan gebruik van, vooral op momenten dat je hele onprettige gevoelens hebt.

Gecontroleerde ademhaling

Het komt wel eens voor dat je plotseling gespannen of boos wordt en geen tijd hebt om ontspanningsoefeningen te doen.

Gecontroleerde ademhaling is dan een snelle manier om te ontspannen waarbij je je concentreert op je ademhaling en die onder controle brengt. Je kunt dit overal doen en meestal heeft iemand anders niet eens in de gaten dat je het doet!

Adem langzaam diep in, houd je adem vijf tellen in en adem dan heel langzaam weer uit. Ondertussen zeg je tegen jezelf: 'ontspan'. Als je dit een paar keer gedaan hebt, ben je weer de baas over je lichaam en voel je je rustiger.

Rustgevende beelden

Met deze methode zorg je ervoor dat je je prettiger voelt door te denken aan dingen die je aangenaam of rustgevend vindt.

Denk aan je droomplek. Het kan ergens zijn waar je echt geweest bent of een fantasieplek. Stel je in gedachten voor hoe het eruitziet en maak het zo rustgevend en vredig mogelijk. Probeer de plek zo echt mogelijk te maken en denk daarbij bijvoorbeeld aan:

➢ het geluid van golven op het strand,
➢ de wind die door de bomen waait,
➢ de geur van de zee of van een dennenbos,
➢ de warmte van de zon op je gezicht,
➢ de wind die zachtjes door je haar waait.

Oefen eerst met het oproepen van het beeld van je ontspannende plek. En probeer daarna, wanneer je merkt dat je je onprettig voelt, het beeld in te schakelen. Concentreer je heel sterk op de rustgevende plek in je hoofd en kijk maar eens of het je helpt te ontspannen.

Ontspannende bezigheden

Er zijn vast wel dingen die je graag doet waardoor je je prettig voelt. Je kunt bijvoorbeeld denken aan:

➢ een boek lezen,
➢ tv kijken,
➢ naar muziek luisteren,
➢ de hond uitlaten.

Als een bepaalde bezigheid je goed gevoel geeft, probeer dat dan te doen wanneer je merkt dat je je naar voelt. Dat kan natuurlijk niet altijd, maar wanneer je:

➢ in je eentje zit te piekeren over morgen, ga dan een boek lezen,
➢ op je kamer zit en je ongelukkig voelt, ga dan even tv kijken,
➢ in bed ligt en je gespannen voelt omdat je niet kunt slapen, ga dan naar muziek luisteren,
➢ je zenuwachtig voelt, laat dan de hond uit.

Probeer maar eens wat uit en kijk of je zo een eind kunt maken aan nare gevoelens.

Voorkomen

Soms ben je je wel bewust van je gevoel, maar wacht je te lang voordat je er iets aan doet. Dan wordt het gevoel te sterk en wat je ook doet, het lukt je niet om er iets aan te veranderen. Het is belangrijk dat je je er bewust van bent wanneer dat gebeurt, zodat je iets aan je gevoel kunt doen **VOORDAT** het te sterk wordt.

De boze buien van Jordi

Jordi was vaak erg boos en raakte dan vreselijk over de toeren. Zo'n bui kwam razendsnel opzetten, en wanneer Jordi eenmaal kwaad was, duurde het een hele tijd voordat hij weer was gekalmeerd.

De woede liep bij Jordi heel snel hoog op, en voordat hij er iets aan kon doen, was hij al ontploft. **Voelspriet** hielp Jordi zijn boosheid beter te beheersen. **Voelspriet** kwam met het idee om een woedevulkaan te tekenen om Jordi te helpen uit te vinden wat er gebeurt wanneer hij boos wordt.

Sla er op los

Vloeken, rood hoofd, verstand op nul

Handen gebald tot vuisten, tanden op elkaar geklemd, boos gezicht, dreigen

Lijkt wel een droom
Alsof ik mezelf van bovenaf zie

Gedachten: 'hou op', 'ik geef je een mep'
Krijg het warm en begin te zweten

Gedachten: 'Je probeert me kwaad te krijgen'
Normale, zachte stem, voel me rustig

Toen Jordi doorhad hoe zijn woede zich ontwikkelde, was de volgende stap dat hij leerde er op tijd **tussenuit te knijpen** om te voorkomen dat hij ontplofte.

Eerst bedacht Jordi hoe het bij zijn vorige woede-uitbarsting was gegaan. Hij haalde het zich zo precies mogelijk voor de geest, maar deze keer veranderde hij de afloop.

➤ Jordi stelde zich voor dat hij **ertussenuit kneep** voordat hij in woede uitbarstte.
➤ Hij stelde zich voor dat hij wegliep.
➤ Hij stelde zich de teleurgestelde gezichten voor van de kinderen die hem pestten.
➤ Hij stelde zich voor hoe tevreden hij zich voelde.
➤ Hij oefende dat hij kalm bleef terwijl hij luisterde naar het schelden van de andere kinderen.

Jordi oefende dit iedere dag. Hij oefende dat het anders afliep dan voorheen. Daardoor was hij op het pesten voorbereid en kon hij er de volgende keer beter mee omgaan.

Je kunt van alles doen om je beter te voelen.
➤ Kies de manieren die bij jou passen.
➤ Denk eraan dat het niet altijd werkt, maar hou vol.
➤ Hoe meer je oefent, hoe groter de kans is dat het helpt.

De 'bewaarkluis voor gevoelens'

We hebben allemaal wel eens een onprettig gevoel, maar soms wordt zo'n gevoel heel sterk en raak je het moeilijk weer kwijt. Je voelt je bijvoorbeeld:

➢ heel boos,
➢ heel verdrietig,
➢ heel bang.

Wanneer je je heel naar voelt, kan het een goed idee zijn het nare gevoel op een veilige plek op te bergen, opdat je er niet zoveel last meer van hebt.

➢ Zoek een doos en maak hiervan je 'bewaarkluis'. Je mag zelf weten hoe je de doos wilt versieren.
➢ Op momenten dat je je erg naar voelt, pak je een vel papier. Schrijf of teken daarop je gevoel.
➢ Denk erover na hoe het komt dat je je zo voelt en schrijf of teken dat ook op het papier.
➢ Wanneer je hiermee klaar bent, stop je het gevoel in je 'bewaarkluis'.
➢ Aan het einde van de week mag je de doos samen met je vader, moeder of iemand anders die je vertrouwt openmaken en praten over je gevoelens.

➢ Je gevoelens opbergen in een bewaarkluis kan je helpen om je beter te voelen.

De woedevulkaan

Denk eens na over hoe je lichaam aanvoelt wanneer je rustig bent en hoe het aanvoelt wanneer je boos bent. Geef de veranderingen die je voelt naarmate je bozer wordt aan op je eigen Woedevulkaan.

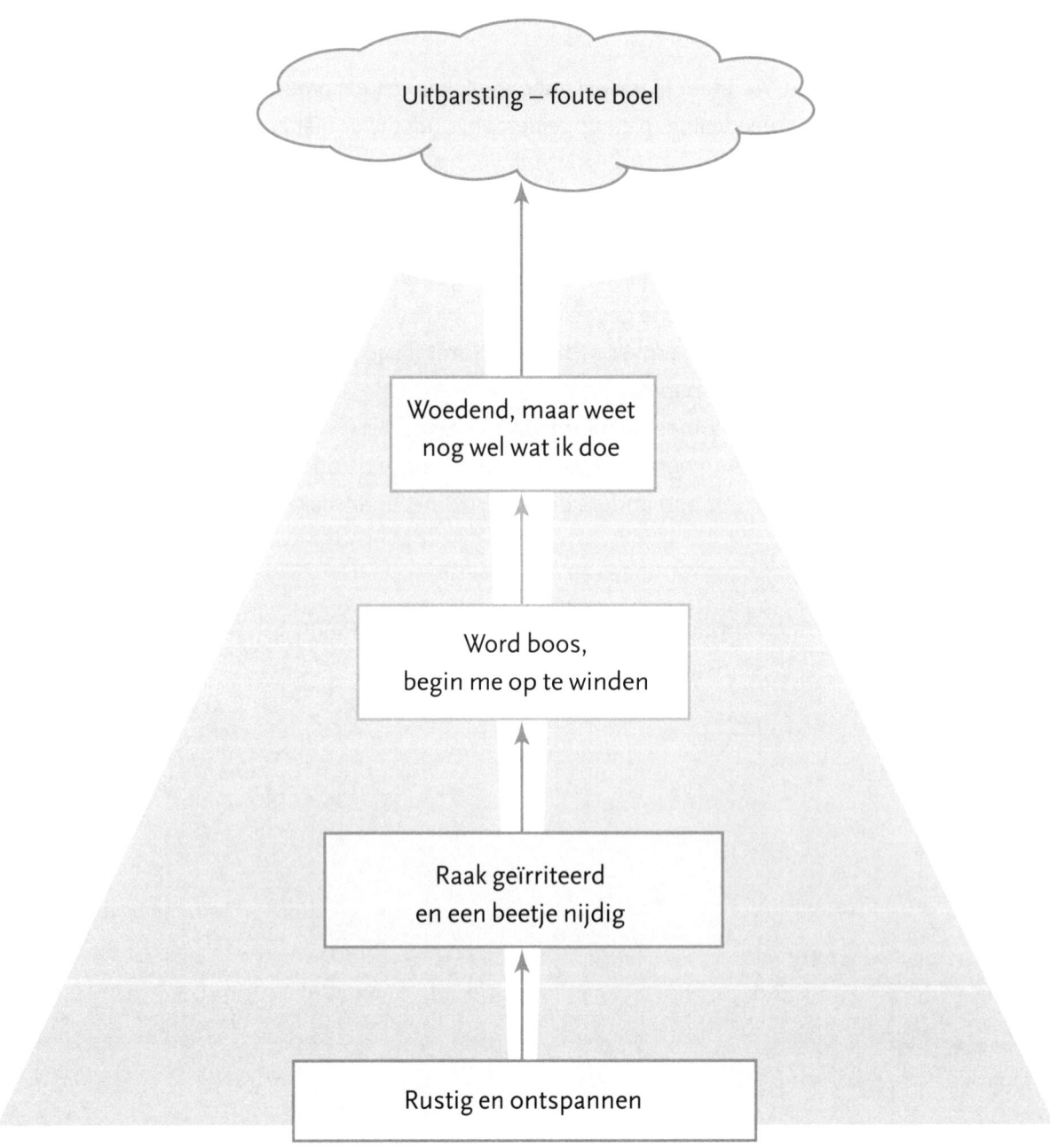

Uitbarsting – foute boel

Woedend, maar weet nog wel wat ik doe

Word boos, begin me op te winden

Raak geïrriteerd en een beetje nijdig

Rustig en ontspannen

Leren ontspannen

Jongere kinderen kunnen op een speelse manier leren ontspannen.

Voor het leren aan- en ontspannen van spieren is een 'na-aapspelletje' heel geschikt. Laat het kind hierbij de volgende bewegingen na-apen:

1. Rechtop en stram door de kamer marcheren.
2. Hardlopen zonder vooruit te komen.
3. Met de armen boven het hoofd zwaaien, alsof het de takken van een boom zijn.
4. Het gezicht samenknijpen en een eng monster nadoen.
5. Je naar de lucht uitrekken en zo lang mogelijk maken.
6. Helemaal in elkaar kruipen en je zo klein mogelijk maken.

Na het aan- en ontspannen van de spieren, is het tijd om rustig te worden en te ontspannen. Speel samen met het kind dat jullie grote, logge dieren zijn die heel traag door de kamer lopen. Loop zo zachtjes en zo langzaam mogelijk. Speel ten slotte dat jullie 'slapende leeuwen' zijn en blijf een aantal minuten zo stil mogelijk op de grond liggen.

Mijn ontspannende plek

Een goede manier om te ontspannen is je een rustgevende plek voor te stellen

Dit kan een plek zijn waar je echt geweest bent of een droomplek die je zelf hebt bedacht.

➤ Kies een rustig moment, zodat je niet gestoord wordt.
➤ Doe je ogen dicht en zie je rustgevende plek in gedachten voor je.
➤ Concentreer je er heel sterk op en stel je precies voor hoe het eruitziet.
➤ Denk bijvoorbeeld aan de kleuren en de vormen die dingen hebben.
➤ Stel je de geluiden voor: de roep van zeemeeuwen, ritselende bladeren, golven op het strand.
➤ Denk aan de geuren: de geur van dennenbomen, de geur van de zee.
➤ Stel je voor dat de zon je rug verwarmt of dat het maanlicht door de bomen schijnt.
➤ Let maar eens op hoe rustig en ontspannen je wordt wanneer je in gedachten op je rustgevende plek bent.
➤ Dit is jouw eigen ontspannende plek.

Het is belangrijk om hiermee te oefenen. Hoe meer je oefent, hoe gemakkelijker het wordt om je rustgevende plek in gedachten voor je te zien en hoe sneller je rustig wordt.

Denk aan je rustgevende plek zodra je merkt dat je gespannen wordt.

Mijn ontspannende bezigheden

Teken of schrijf in de denkwolkjes van welke dingen jij rustig en ontspannen wordt.

HOOFDSTUK 12
Verander je gedrag

Met behulp van **Denkspeurder** heb je ontdekt dat je soms negatieve gedachten hebt die je in de weg zitten. Je verwacht dat alles moeilijk zal gaan en je bent op het ergste voorbereid. Het valt soms niet mee om ook maar iets positiefs te ontdekken. Met behulp van **Voelspriet** heb je gezien dat zulke gedachten je een onprettig gevoel geven. Het is mogelijk dat je op een van de volgende manieren probeert je beter te voelen:

➢ moeilijke situaties **vermijden,**
➢ je **terugtrekken** en blijven zitten waar je je veilig voelt,
➢ dingen waardoor je je onprettig voelt **niet meer doen**.

Op korte termijn voel je je hierdoor misschien wat beter, maar na verloop van tijd ga je je waarschijnlijk juist slechter voelen. Want naarmate je minder doet, raak je dieper in de put. Het kost je steeds meer moeite iets nieuws op te pakken en de drempel om nieuwe uitdagingen aan te gaan, wordt steeds hoger. Je wordt opnieuw overspoeld door nare gevoelens. Nu voel je je kwaad en teleurgesteld in jezelf.

En zo gaat het maar door...

en door...

en door...

Om uit deze negatieve cirkel te breken is het belangrijk dat je actiever wordt en het heft in handen neemt.

Dwing jezelf ertoe dingen te gaan doen.

Wanneer je weer meer gaat doen, zul je al gauw merken dat dat je iets oplevert.

✓ **Je voelt je beter**

Als je actiever bent, heb je minder tijd om te letten op onprettige gevoelens of te luisteren naar negatieve gedachten. Daardoor voel je je beter.

✓ **Jij wordt weer de baas**

Je wordt weer de baas over je eigen leven en je doet weer wat je wilt doen.

✓ **Je voelt je minder moe**

Nietsdoen is heel vermoeiend! Het geeft je een lamlendig en uitgeput gevoel. Het klinkt misschien raar, maar het is gewoon zo dat je je minder moe voelt naarmate je actiever bent.

✓ **Je wilt meer doen**

Op gang komen is het moeilijkste. Wanneer je eenmaal actiever bent, wil je steeds meer gaan doen. Simpel gezegd: hoe meer je doet, des te meer zin je krijgt om dingen te doen.

✓ **Je gaat helderder denken**

Door nietsdoen word je sloom, zowel in je hoofd als in je lichaam. Wanneer je actief bent, denk je helderder.

Meer leuke dingen doen

Het eerste en moeilijkste wat je te doen staat, is op gang komen. Een goede manier om jezelf op weg te helpen is meer leuke dingen te gaan doen. Stel jezelf ten doel om iedere dag of week meer leuke dingen in te plannen.

Maak een lijst van dingen die je graag doet of wilt doen en dingen die je vroeger graag deed, maar waar je mee bent opgehouden.

Dit kan van alles zijn, en het hoeft niets te kosten. Een paar voorbeelden:

➢ samen met anderen: met een vriend(in) kletsen, iemand na schooltijd uitnodigen,
➢ buiten: wandelen, zwemmen, winkelen,
➢ binnen: naar muziek luisteren, video kijken, een boek lezen, tekenen.

Kies uit je lijst wat je het liefste zou willen doen. Beslis op welke dag en hoe laat je het gaat doen en doe het! Bouw geleidelijk aan steeds meer leuke dingen in je leven in.

> ➤ Verwacht niet dat het even leuk is als vroeger. Het duurt een tijdje voordat je er weer plezier aan kunt beleven.
> ➤ Denk aan wat je al hebt gedaan, niet aan wat je verder allemaal nog moet.
> ➤ **Neem er na afloop de tijd voor om jezelf te vertellen hoe goed je het gedaan hebt! Je verdient het.**

Breng in kaart hoe je je voelt en wat je doet

Er zijn vast en zeker bepaalde momenten op de dag of in de week waarop je merkt dat je erg prettige of erg nare gevoelens hebt. Het is nuttig om hier even bij stil te staan en uit te zoeken of er een patroon in zit, of dat bepaalde momenten extra moeilijk zijn.

Een dagboek is hiervoor een handig hulpmiddel.

> ➤ Schrijf ieder uur op wat je doet en hoe je je voelt. Gebruik de gevoelsthermometer op bladzijde 154 om aan te geven hoe sterk je gevoel is.
> ➤ Bekijk je dagboek aan het einde van de week en probeer te ontdekken of er momenten zijn waarop je je extra prettig of juist onprettig voelt en of er bepaalde bezigheden zijn waardoor je je beter of minder goed gaat voelen.

Mocht je een verband zien tussen bepaalde bezigheden of momenten en sterke gevoelens, probeer je tijd dan anders in te delen. Probeer, als dat mogelijk is, meer dingen te doen waardoor je je goed voelt en minder dingen waardoor je je naar voelt.

Joke maakt zich klaar om naar school te gaan

Joke stond iedere ochtend om half zeven op om naar school te gaan. Om kwart over zeven was ze aangekleed en klaar om te gaan, en de volgende drie kwartier hing ze maar wat om. Dan begon ze te piekeren over school, haar huiswerk en over wat ze tegen haar vriendinnen moest zeggen. Om acht uur, wanneer het eindelijk tijd was om naar school te gaan, was ze intussen vaak zo gespannen en somber geworden dat ze het niet meer zag zitten om naar school te gaan.

Toen Joke dit patroon in de gaten had, probeerde ze haar ochtend anders in te delen. Ze stond pas om half acht op. Dit betekende dat alle tijd voordat ze naar school moest, gevuld was. Ze was bezig en had minder tijd om te piekeren over wat er zou gebeuren.
En op dagen dat ze toch vroeg wakker werd, maakte ze zich klaar voor school, maar in plaats van daarna op de bank te gaan hangen, ging ze oefenen op haar muziekinstrument totdat het tijd was om van huis te gaan. Joke merkte dat muziek maken haar een ontspannen gevoel gaf. Ze was bezig, ze voelde zich rustig en haar gedachten zaten haar niet meer in de weg.

Marieke komt thuis

Marieke was altijd als eerste thuis uit school en ze was een uur alleen thuis voordat er nog iemand anders thuiskwam. Ze hield een dagboek bij en ontdekte dat dit voor haar de slechtste tijd van de dag was. Ze was erg bang om alleen te zijn en dacht dat haar de vreselijkste dingen zouden overkomen.

Marieke besloot het anders aan te pakken. In plaats van meteen naar huis te gaan na schooltijd, maakte ze andere plannen. Ze ging dingen doen die ze leuk vond, zoals winkelen, bij vriendinnen langs en naar de bieb. Nu kwam ze tegelijk met de rest van het gezin thuis en voelde ze zich rustiger en vrolijker.

Kleine stapjes

Soms is het te moeilijk om iets in één keer op te pakken.

➢ Als dat zo is, kun je het opknippen in kleinere stapjes.
➢ Een kleinere stap is beter uit te voeren.
➢ Hierdoor is de kans dat het lukt groter, en met iedere stap kom je dichter bij je doel.

Trudy wil gaan zwemmen

Trudy hield van zwemmen, maar ze was het laatste halfjaar in de put geraakt. Ze voelde zich zo akelig dat ze het zwemmen helemaal had opgegeven. Ze maakte een lijst van alle dingen die ze weer wilde oppakken en zwemmen met haar vriendin Susan stond op nummer één. Hoewel ze het echt graag wilde, zag ze er enorm tegenop. Trudy besloot om deze uitdaging op te knippen in kleinere stappen die ze wel aankon:

- *Stap 1*: ga naar het zwembad en zoek uit wanneer het open is en wat een kaartje kost.
- *Stap 2*: ga 's avonds laat alleen naar het zwembad om tien minuten te zwemmen.
- *Stap 3*: ga 's avonds laat alleen naar het zwembad om een half uur te zwemmen.
- *Stap 4*: ga 's morgens (wanneer het drukker is) een half uur alleen zwemmen.
- *Stap 5*: ga 's morgens samen met Susan een half uur zwemmen.

Doordat ze de uitdaging had opgeknipt in kleinere stapjes, was het voor Trudy een stuk gemakkelijker te doen.

Kijk je angst in de ogen

Het helpt wel wanneer je een uitdaging opknipt in kleinere stapjes, maar het is best mogelijk dat je ook voor die kleinere stapjes nog **te angstig** bent. Een angstig gevoel weerhoudt je er vaak van dingen te doen die je eigenlijk wel graag wilt doen. Maar als je die dingen niet doet, krijg je weer andere onprettige gevoelens, zoals verdriet en boosheid. Bijvoorbeeld:

- Je bent heel bang om naar school te gaan, maar als je niet gaat voel je je verdrietig.
- Je ziet er enorm tegenop om uit te gaan met je vrienden, maar als je alleen thuisblijft voel je je kwaad.

In dat geval is het een goed idee om *je angst in de ogen te kijken* en te leren om je angst te overwinnen. Ook dit knip je weer op in stappen:

- *Stap 1*: knip je uitdaging op in **kleinere stapjes**.
- *Stap 2*: bedenk **helpende gedachten** en oefen hiermee.
- *Stap 3*: **ontspan** je en **zie in gedachten voor je** dat de eerste stap van je plan lukt.
- *Stap 4*: **probeer het uit**, stap voor stap.
- *Stap 5*: geef jezelf een **schouderklopje** wanneer het lukt.

Kim is bang om naar buiten te gaan

Sinds Kim een tijdje geleden door een groep jongens omver was geduwd, was ze bang om alleen het huis uit te gaan. Ze vond het heel naar dat ze het huis niet meer uitdurfde, maar ze was doodsbang om naar buiten te gaan. Ze besloot haar **angst in de ogen te kijken**.

Stap 1: Kim wilde graag dat ze weer naar de winkel aan het eind van de straat durfde te lopen. Ze knipte deze uitdaging op in de volgende **kleine stapjes**:
1. een paar minuten bij het hekje in de voortuin staan,
2. het hekje uitgaan en dan weer naar huis lopen,
3. het hekje uitgaan, naar de bushalte lopen en dan weer naar huis gaan,
4. naar de winkel lopen (niet naar binnen gaan) en dan weer naar huis gaan,
5. naar de winkel lopen en naar binnen gaan.

Stap 2: Kim bedacht **helpende gedachten**. Ze stelde zich voor hoe ze naar het hekje zou lopen en herhaalde daarbij in zichzelf haar helpende gedachten: 'Ik ben hier veilig, niemand valt me lastig in de tuin, ik loop gewoon naar het hekje.'

Stap 3: Kim concentreerde zich op haar ontspannende plek. Toen ze eenmaal **ontspannen** was, **zag ze zichzelf in gedachten** het huis uitkomen, rustig naar het hekje lopen en daarna weer naar huis teruggaan.

Stap 4: nadat ze dit een paar keer in gedachten had geoefend en daarbij haar helpende gedachten had gebruikt, was Kim er klaar voor om het **uit te proberen**. Ze besloot dat ze dit het beste onder schooltijd kon doen, wanneer de kans dat ze groepjes kinderen tegenkwam het kleinst was. Ze bepaalde hoe laat ze het ging doen, ontspande zich, gebruikte haar helpende gedachten en probeerde de eerste stap uit.

Stap 5: toen ze weer binnenkwam nadat het gelukt was, gaf Kim zichzelf een **complimentje** en nam als **beloning** een beker warme chocolademelk met een koekje! Ze oefende deze stap van haar plan een paar keer voordat ze doorging met de volgende.

Weg met die gewoontes

Soms wordt ons gedrag een probleem omdat er dingen zijn waar we niet meer mee kunnen ophouden. Het kan zijn dat je alsmaar moet:

➤ **controleren**: of de deur wel op slot zit, of dat het licht of de kraan wel uit is,
➤ **schoonmaken**: bijvoorbeeld je kamer, of schone kleren aantrekken, of handen wassen,
➤ **tellen**: dingen drie of vier keer moeten herhalen of in een bepaalde volgorde doen.

Dergelijke gewoontes zijn vaak een manier om angstige of nare gevoelens te onderdrukken. Met behulp van Voelspriet heb je gezien dat die gevoelens vaak veroorzaakt worden door je gedachten. Het kan bijvoorbeeld zo zijn dat je denkt:

➤ als ik niet voortdurend van alles controleer, gebeurt er iets ergs,
➤ als ik niet voortdurend schoonmaak, raak ik besmet door bacteriën of met een ziekte, of ik besmet iemand anders,
➤ als ik niet steeds tel of dingen in een bepaalde volgorde doe, overkomt iemand iets.

Door die gewoontes voel je je misschien eventjes beter, maar dat duurt nooit lang. Na een poosje keren de gedachten en het nare gevoel weer terug en moet je je gewoontes weer herhalen, en nog een keer, en nog een keer.

Wanneer dat zo is, dan is het tijd om te zeggen **'weg met die gewoontes'** en te bewijzen dat je nare gevoelens ook kunt uitschakelen **zonder** je gewoontes te gebruiken.

➤ *Stap 1*: zet je gewoontes met behulp van **kleine stapjes** op volgorde. Zet de gewoonte waar je het moeilijkst mee kunt ophouden bovenaan, en de gewoontes waar je gemakkelijker mee kunt stoppen onderaan.

➤ *Stap 2*: maak een **succesplan**.
1 Wanneer ga je de eerste stap uitproberen?
2 Bedenk hoe je zult omgaan met nare gevoelens.
3 Welke helpende gedachten ga je gebruiken?
4 Heb je er hulp van iemand anders bij nodig?

➤ *Stap 3*: probeer het, maar zeg deze keer **'weg met die gewoontes'** en kijk hoe lang je het kunt volhouden zonder eraan toe te geven. Gebruik hierbij de **gevoelsthermometer** op bladzijde 154 om aan te geven hoe je je voelt. Hou vol, zet je gewoontes aan de kant, en blijf bijhouden hoe je je voelt. Je zult merken dat de spanning afneemt!

➤ *Stap 4*: vergeet niet jezelf een **schouderklopje** te geven wanneer het gelukt is.

Je moet iedere stap waarschijnlijk wel een aantal keren oefenen. Het is ook een goed idee om iemand anders te vragen je te helpen ervoor te zorgen dat je echt niet toegeeft aan je gewoontes. Wanneer deze stap goed is gelukt, ga je door met de volgende en vergeet niet dat je je gevoelens ook kunt uitschakelen zonder je gewoontes te gebruiken.

David maakt zich zorgen over bacteriën

David heeft een keer in de hondenpoep gestaan en ging zich daarna erg zorgen maken over bacteriën. Hij maakte steeds maar weer zijn schoenen schoon, en als hij daar mee klaar was, waste hij alsmaar zijn handen. Wanneer hij het idee had dat zijn handen vuil waren, moest hij alles wat hij had aangeraakt schoonmaken, inclusief zijn kleren. Hij trok drie tot vier keer per dag schone kleren aan. David was nu zover gekomen dat hij dacht: **weg met die gewoontes**.

➤ *Stap 1*: met behulp van **kleine stapjes** zette David zijn gewoontes op volgorde. Hij dacht dat het volgende het gemakkelijkst voor hem zou zijn:

1 een half uur wachten voordat hij zich ging omkleden,
2 maar één keer per dag schone kleren aantrekken,
3 het handen wassen beperken, en zijn handen niet vaker dan twee keer achtereen wassen.

De lijst ging door totdat David uiteindelijk zover zou zijn dat hij met schoenen aan in huis kon rondlopen.

➤ *Stap 2*: David maakte een **succesplan**. Hij besloot dat hij zijn gedachten bezig zou houden door dingen te doen die de aandacht afleiden (puzzels) en hij oefende met zijn helpende gedachten: 'Ik ben hier de baas. Ik heb deze gewoontes niet nodig om me goed te voelen.'

➤ *Stap 3*: David **probeerde het uit**. Zodra hij het gevoel kreeg dat hij zich moest omkleden, probeerde hij te wachten en te denken '**weg met die gewoontes**'. Hij gebruikte de **gevoelsthermometer** en gaf zichzelf een acht voor angst. Na vijf minuten was het gevoel erger geworden, hij gaf het nu een negen. Hij hield vol, gebruikte zijn **helpende gedachten** en probeerde te ontspannen. Na een kwartier werd het gevoel al minder sterk en gaf hij zijn angst een vijf. Hij hield het een half uur vol en ging zich toen omkleden.

➤ *Stap 4*: David was erg **tevreden over zichzelf** en trakteerde zichzelf op een mooie video.

De volgende keer hield hij het een uur vol. Het gevoel werd minder sterk ook al gebruikte hij zijn gewoontes niet.

➤ Wanneer je bezig bent, voel je je beter en heb je minder tijd om naar je negatieve gedachten te luisteren.
➤ Als bepaalde momenten op de dag of in de week moeilijk zijn, deel je tijd dan anders in.
➤ Knip uitdagingen op in kleinere stapjes. Hiermee vergroot je de kans op succes.
➤ Kijk je angst in de ogen en leer hoe je je problemen kunt overwinnen.
➤ Als je problemen hebt met controleren, schoonmaken of tellen, leer dan je gewoontes aan de kant te zetten.
➤ Blijf oefenen en beloon jezelf wanneer het goed is gegaan.

Activiteitendagboek

Hou een dagboek bij van wat je op een dag doet en hoe je je voelt. Gebruik de gevoelsthermometer op bladzijde 154 om aan te geven hoe sterk je gevoelens zijn.

Kun je een verband ontdekken tussen wat je doet en hoe je je voelt?

Activiteit	Gevoelens
7.00 ochtend	
8.00	
9.00	
10.00	
11.00	
12.00	
13.00 middag	
14.00	
15.00	
16.00	
17.00	
18.00	
19.00	
20.00	
21.00	
22.00	
23.00	
24.00	

Steeds een treetje hoger

Er zijn vast en zeker allerlei dingen die je graag wilt doen.
Sommige lijken je vrij gemakkelijk, terwijl je het gevoel hebt dat andere een stuk moeilijker zijn.

Schrijf of teken alle dingen die je graag wilt doen op een vel papier. Knip ze uit en rangschik ze op de ladder hieronder.

Zet de dingen die je het gemakkelijkst lijken onderaan, de moeilijkste dingen bovenaan en de iets gemakkelijkere in het midden.

Begin onderaan en probeer of je de eerste stap op de ladder kunt zetten. Wanneer dat goed is gelukt, klim je een tree omhoog en probeer je wat daar staat. Wanneer je kleine stapjes neemt, kom je uiteindelijk bovenaan.

Moeilijkst

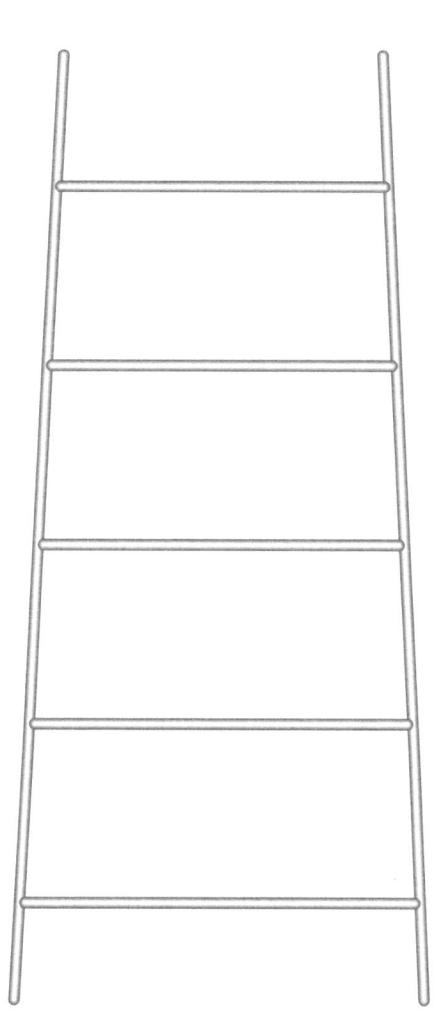

Gemakkelijkst

Dingen waardoor ik me goed voel

Schrijf op of teken welke plaatsen, dingen die je doet of mensen je een goed gevoel geven.

DENK GOED — VOEL JE GOED

Dingen waardoor ik me naar voel

Schrijf op of teken welke plaatsen, dingen die je doet of mensen je een naar gevoel geven.

Dingen die ik graag wil doen

Schrijf op of teken wat je graag zou willen doen en wat je graag vaker wilt doen.

Kijk je angst in de ogen

Mijn uitdaging is:

Stap 1: knip je uitdaging met behulp van **kleine stapjes** op in gemakkelijkere stappen.

Om mijn doel te bereiken moet ik de volgende stappen zetten:

Stap 2: wat zijn je **helpende gedachten**?

Stap 3: **ontspan je en zie in gedachten voor je** dat het lukt. Herhaal je helpende gedachten in jezelf terwijl je je voorstelt dat het je lukt de eerste stap te zetten. Oefen dit een paar keer.

Stap 4: kies een tijdstip uit waarop je je angst in de ogen gaat kijken, ontspan je en **probeer het uit**. Vergeet je helpende gedachten niet.

Stap 5: geef jezelf een **complimentje en een beloning** wanneer het gelukt is.

Het is prima om iedere stap een paar keer te oefenen, maar ga door met de volgende stap wanneer je een stap goed beheerst. Ga zo steeds een stap verder totdat je je angst hebt overwonnen.

Kleine stapjes

Soms lijkt een opdracht of uitdaging je te hoog gegrepen. In dat geval moet je het opknippen in kleinere stapjes. Op deze manier is iedere stap haalbaar en wordt het gemakkelijker je uiteindelijke doel te bereiken.

Wat is jouw opdracht of uitdaging?

Knip je opdracht of uitdaging op in kleinere stappen en schrijf of teken ze in dit vak.

Kijk naar alle stappen en plaats ze in volgorde van moeilijkheid. Zet de gemakkelijkste dingen onderaan de bladzijde en de moeilijkste bovenaan.

Begin met de gemakkelijkste stap. Wanneer dit gelukt is, ga je door met de volgende. Wanneer je een opdracht of uitdaging opknipt in kleinere stappen wordt het gemakkelijker je uiteindelijke doel te bereiken.

Weg met die gewoontes

Stap 1: gebruik het werkblad **kleine stapjes**. Schrijf al je gewoontes op en zet ze in volgorde van moeilijkheid. Zet de gewoontes waar je het gemakkelijkste mee kunt stoppen onderaan, en die waar je het moeilijkst mee kunt ophouden bovenaan.

Mijn stappen zijn:

Stap 2: **maak een succesplan.**

Wat is de gewoonte waar je het gemakkelijkst mee kunt stoppen?

Wanneer ga je de uitdaging aan en probeer je deze gewoonte aan de kant te zetten?

Hoe blijf je rustig?

Wat zijn je helpende gedachten?

Heb je hulp van iemand anders nodig? Wie kan je hierbij helpen?

Stap 3: **probeer het uit en zet je gewoontes aan de kant**. Gebruik de **gevoelsthermometer** op bladzijde 154 en hou steeds bij hoe je je voelt.

Stap 4: geef jezelf **een schouderklopje en een beloning** wanneer het gelukt is.

HOOFDSTUK 13
Leer problemen oplossen

Iedere dag brengt nieuwe problemen met zich mee. Bijvoorbeeld:

➢ Je krijgt onterecht op je kop van een leraar.
➢ Je hebt moeite om op school op je stoel te blijven zitten.
➢ Je wordt geplaagd door je vervelende broer of zus.
➢ Je moet met je ouders onderhandelen over hoe laat je thuis moet zijn.

Wanneer je een probleem tegenkomt, moet je nadenken over de verschillende manieren waarop je ermee kunt omgaan en beslissen wat je gaat doen of zeggen. Soms neem je de juiste beslissing, maar soms gaat het ook fout. Dat gebeurt iedereen wel eens, maar het lijkt alsof sommige mensen vaker verkeerde beslissingen nemen dan andere of het moeilijker vinden problemen op te lossen. Als dat voor jou geldt, dan is het een goed idee er eens over na te denken hoe jij omgaat met problemen en of je ook kunt proberen ze op een andere manier op te lossen.

Waarom zijn er problemen?

Er kunnen allerlei redenen zijn waarom we er niet in slagen onze problemen goed op te lossen. Drie van die redenen komen erg vaak voor.

Je doet iets zonder erbij na te denken

Soms beslissen we te snel. Misschien stort je je ergens in zonder er goed bij na te denken wat er zal gebeuren.

➢ Niels hoorde zijn vader zeggen dat hij de boodschappen in de auto had laten liggen. Omdat hij graag wilde helpen, rende Niels naar buiten, griste alle boodschappentassen van de achterbank en bracht ze in huis. Hij overlegde niet eerst met zijn ouders. Als hij dat wel gedaan had, dan was hij erachter gekomen dan hun boodschappen in de kofferbak zaten. De tassen die hij in huis gebracht had waren voor een feestje dat zijn vader organiseerde voor zijn werk.

> Sabine hoorde haar leraar zeggen dat ze haar werk moest overnemen in haar schrift. Ze pakte meteen haar pen en begon. Jammer genoeg had ze niet gehoord wat hij daarna zei, namelijk dat ze het met potlood moest doen en op een nieuwe bladzijde moest beginnen.

Niels en Sabine bedoelden het allebei goed, maar omdat ze te haastig waren brachten ze zichzelf in de problemen.

Je gevoel wordt je de baas

Sterke gevoelens, zoals boosheid of angst, worden je soms de baas. Daardoor kun je niet goed meer nadenken over problemen en niet beslissen wat je het beste kunt doen of zeggen.

> Mark werd heel boos toen hij onderuit werd gehaald tijdens een partijtje voetbal en hij gaf degene die dat deed een trap. De scheidsrechter stuurde Mark het veld uit.

> Femke begreep een opdracht niet, maar ze durfde de leraar niet om hulp te vragen. Ze vroeg niets, deed de opdracht verkeerd en moest nablijven om het over te doen.

Mark wist best dat hij het veld uitgestuurd zou worden als hij iemand trapte. Femke wist ook wel dat ze haar werk moest overdoen als ze het verkeerd deed. Op dat moment waren Mark en Femke niet in staat na te denken over de gevolgen van hun gedrag. Sterke gevoelens werden hen de baas, waardoor ze niet goed konden nadenken over wat ze moesten doen.

Je ziet geen andere oplossing

De derde reden waarom het vaak niet lukt een probleem op te lossen is dat we gewoonweg geen andere manier kunnen bedenken om met iets om te gaan. We zitten vast aan een bepaald idee en zien geen andere oplossing.

Leer stil te staan om na te denken

Je kunt leren op een andere manier met problemen om te gaan, zodat je niet overhaast het eerste doet wat in je hoofd opkomt. Het stoplichtsysteem '**stop, denk na en doe**' is zo'n manier.

➢ **ROOD**. Denk voordat je iets doet aan een rood stoplicht en **stop**.
➢ **ORANJE**. **Denk na** over wat je wilt doen of zeggen.
➢ **GROEN**. **Doe** wat je hebt bedacht.

Het eerste onderdeel is vaak het moeilijkst. Soms is het moeilijk om te **stoppen** voordat je iets overhaast doet. Oefen hier maar eens mee en roep in je hoofd het beeld op van een stoplicht. Wanneer je het licht op rood ziet springen, zeg je in gedachten tegen jezelf: '**STOP**'. Terwijl je voor het stoplicht staat te wachten haal je een paar keer diep adem. Hierdoor word je rustiger en het geeft je de tijd om na te denken over wat je wilt doen. Hoe meer je hiermee oefent, hoe gemakkelijker het wordt.

Je kunt dit systeem ook op school gebruiken. Je kunt jezelf eraan herinneren door rode, oranje en groene plakbandjes om een potlood of liniaal of op je etui te plakken. Wanneer jij de plakbandjes ziet, denk je '**stop, denk na en doe**', maar niemand anders weet wat het betekent.

Bedenk verschillende oplossingen

Soms komen we hetzelfde probleem iedere dag tegen en nemen we steeds weer dezelfde verkeerde beslissing. Wanneer dat zo is, is het een goed idee om er even bij stil te staan en na te denken over alle verschillende manieren waarop je met dit probleem kunt omgaan.

Gebruik het werkblad met de '**OF**'-methode om zoveel mogelijk oplossingen te vinden. Of pak gewoon een vel papier en schrijf alle oplossingen op die je in twee minuten kunt bedenken. Het is de bedoeling dat je zoveel mogelijk ideeën verzamelt. Maak je geen zorgen als sommige ideeën je onmogelijk of onnozel lijken.

Niemand luistert naar Willem

Willem had het gevoel dat zijn vrienden vaak niet naar hem luisterden. Daarom gebruikte hij de '**OF**'-methode om te bedenken hoe hij ervoor kon zorgen dat zijn vrienden naar hem gingen luisteren.

➢ Ik kan harder gaan praten **OF**
➢ schreeuwen **OF**
➢ vlak voor ze gaan staan zodat ze wel naar me moeten luisteren **OF**
➢ steeds weer herhalen wat ik gezegd heb **OF**
➢ met één iemand praten in plaats van met de hele groep **OF**

> dingen bedenken om over te praten die ze wel interessant vinden **OF**
> nieuwe vrienden zoeken!

Willem vond het idee om steeds te staan schreeuwen onnozel, en andere vrienden zoeken was eigenlijk niet mogelijk. Er waren een paar ideeën bij waar hij meer mee kon. Willem besloot dat hij beter moest luisteren naar waar zijn vrienden in geïnteresseerd waren. Hij besloot ook meer met mensen alleen te praten, in plaats van mee te doen met het groepsgesprek.

Als je het moeilijk vindt om verschillende manieren te bedenken om je problemen op te lossen, kun je er ook met iemand anders over praten. Vraag maar eens hoe hij of zij met jouw probleem zou omgaan; wie weet op wat voor ideeën je komt.

Denk na over de gevolgen

Wanneer je eenmaal een lijst van mogelijke oplossingen hebt, is de volgende stap uitzoeken welke de beste is. Bedenk wat de positieve en de negatieve gevolgen van alle ideeën zijn en beslis dan welke oplossing volgens jou uiteindelijk het beste zal werken. Volg hierbij deze vijf stappen:

1. Wat is mijn probleem?
2. Welke oplossingen kan ik bedenken?
3. Wat zijn de positieve gevolgen van iedere oplossing?
4. Wat zijn de negatieve gevolgen van iedere oplossing?
5. Wat is uiteindelijk de beste oplossing?

Marjan wordt gepest

Sinds een tijdje wordt Marjan in de pauze door drie meisjes gepest en uitgescholden. Op de eerste dag werd Marjan heel boos en ze rende achter de meisjes aan. Op de tweede dag gaf ze een van de meisjes een klap en moest ze bij het schoolhoofd komen. Op de derde dag schold ze terug, maar hierdoor werd het schelden alleen maar erger. Marjan besloot om er eens voor te gaan zitten en na te denken over een oplossing voor dit probleem.

Mijn probleem: ik word gepest door Emma, Karlijn en José

Wat kan ik doen	Positieve gevolgen	Negatieve gevolgen
Ze een mep geven wanneer ze me uitschelden OF	Dat lucht op!	Ik krijg straf Misschien word ik van school gestuurd Misschien slaan ze terug
Het tegen een juf of meester zeggen OF	Juf of meester regelt het en ik krijg geen straf	Misschien gaan ze me nog meer pesten omdat ik ze verklikt heb Er is niet altijd een juf of meester in de buurt
Ze negeren OF	Als ik niet reageer gaat het ze misschien vervelen	MAAR DAT KAN IK NIET, want ik word er zo kwaad van!
Bij ze uit de buurt blijven in de pauze	Ze kunnen me niet pesten Ik krijg geen straf	Dit is niet altijd gemakkelijk Misschien gaan ze me opzoeken Ze bedenken misschien iets anders om te doen

Als ik alles tegen elkaar afweeg is de beste manier om dit probleem op te lossen bij ze uit de buurt blijven in de pauze. Als ze me opzoeken, loop ik weg en ga ik dichter bij een juf of meester staan.

Het was nuttig voor Marjan om eens goed na te denken over dit probleem. Hoewel het haar zou opluchten als ze de meisjes een mep gaf, begreep ze wel dat dit ook minder positieve gevolgen zou hebben. Marjan woog alle ideeën tegen elkaar af en besloot in de pauze bij de meisjes uit de buurt te blijven.

Herinner jezelf eraan wat je moet doen

Hoewel je heel goed weet hoe je het best met je problemen kunt omgaan, zal het zo nu en dan toch gebeuren dat je weer terugvalt in je oude manier van doen en je nieuwe plannen **vergeet**.

Wanneer dat gebeurt, moet je een manier bedenken om jezelf eraan te herinneren je nieuwe plan te gebruiken. De kinderen in de volgende voorbeelden hebben een aantal eenvoudige manieren gevonden om niet te vergeten hoe ze hun problemen moeten oplossen.

Michiel zit met zijn etui te prutsen

Michiel werd op school dagelijks op de vingers getikt omdat hij met zijn potloden en zijn etui zat te prutsen. Hij wilde er wel mee ophouden en hij besprak met zijn juf wat hij eraan kon doen. Hij bedacht dat het misschien zou lukken te stoppen met het geprus als hij op zijn handen ging zitten wanneer de juf iets uitlegde. Michiel sprak met zijn juf af dat ze zijn schouder eventjes zou aanraken als hij het vergat. Hij besloot ook om zijn etui in zijn tas te stoppen in plaats van het op zijn tafeltje te laten liggen. Hij plakte een stikker in zijn etui waarop stond 'stop me in je tas' om hem eraan te herinneren.

Emma's kamer is altijd een rommeltje

Emma kreeg thuis steeds op haar kop omdat haar kamer zo'n rommeltje was. De laatste tijd was dit echt een probleem voor haar geworden, omdat ze voor straf geen zakgeld meer kreeg. En zelfs wanneer ze probeerde haar kamer op te ruimen, lukte het toch niet goed. Ze vergat altijd wel iets. Ze besloot dat het nu maar eens afgelopen moest zijn en maakte een 'opruimlijst' die ze ophing in haar kamer. Ze maakte een lijst van alles wat ze moest doen om haar kamer netjes op te ruimen.

➢ Kleren van de vloer oprapen.
➢ Vuile kleren in de wasmand doen.
➢ Schone kleren in de kast leggen of ophangen.
➢ Bed opmaken.
➢ Tijdschriften en boeken netjes opstapelen.
➢ Cd's in doosjes doen.

Emma sprak met haar ouders een tijdstip af waarop ze haar kamer zou opruimen, en ze gebruikte de lijst om ervoor te zorgen dat ze niets vergat.

Henk wordt boos

Henk werd snel boos en ging dan helemaal door het lint. Hij schreeuwde en schold, en sloeg er soms op los. Hij had voortdurend ruzie en was kortgeleden twee dagen van school gestuurd. Hij zocht samen met zijn beste vriend een oplossing voor dit probleem en besloot dat het beter was als hij er tussenuit kneep bij ruzies. In plaats van te blijven en ruzie te maken, kon hij beter ophouden en weglopen. Dit was niet gemakkelijk voor Henk en daarom sprak hij met zijn vriend af dat die hem zou helpen. Wanneer Henk boos begon te worden, zei zijn vriend 'wegwezen'. Dit was voor Henk het teken dat hij moest ophouden, weglopen en kalmeren. Henk had veel aan de hulp van zijn vriend en hoewel het niet gemakkelijk was, leerde hij dat er een betere manier was om met ruzies om te gaan.

Oefening baart kunst

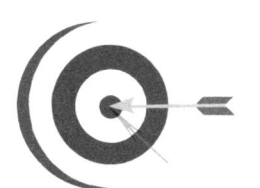

Op een nieuwe of andere manier met problemen omgaan is niet altijd gemakkelijk. Het kost tijd en je moet misschien eerst oefenen voordat het goed gaat. Net als met de meeste dingen, is het ook hierbij zo: hoe meer je oefent, hoe gemakkelijker het wordt.

Verander in gedachten de afloop

Concentreer je op je probleem en stel je voor dat je het anders oplost. In plaats van het op je oude manier op te lossen, **verander je de afloop** en zie je in gedachten voor je dat het je lukt. Kies een rustig ogenblik uit en vorm je in je hoofd een heel duidelijk beeld van je probleemsituatie.

➢ Beschrijf de situatie zo precies mogelijk.
➢ Zie voor je wie er bij zijn.
➢ Bedenk wat er gebeurt en wat er wordt gezegd.
➢ Zie in gedachten voor je dat je je nieuwe oplossing gebruikt en dat het werkt.
➢ Vergeet niet jezelf een schouderklopje te geven omdat je het probleem zo goed hebt opgelost.

Iris raast door de school

Iris kwam steeds in de problemen omdat ze als een wervelwind door de school raasde. Ze stootte anderen aan of duwde ze soms omver omdat ze zo'n haast had om de eerste te zijn. Ze besloot dat ze rustiger moest worden en dat ze voortaan tot vijf zou tellen voordat ze iets deed. Iris ging in gedachten oefenen dat ze dit deed aan het einde van de les, terwijl ze het overblijflokaal binnenliep en wanneer ze na de lunch de klas weer inkwam. Door eerst in gedachten te oefenen met tellen en rustig worden, kon ze het idee later gemakkelijker in het echt op school gebruiken.

Speel je probleem na

Het is heel nuttig om nieuwe vaardigheden te oefenen door een probleemsituatie na te spelen met vrienden of vriendinnen. Probeer de situatie zo echt mogelijk na te bootsen. Bedenk wie er bij zijn, wat ze zeggen en hoe ze zullen reageren. Probeer verschillende oplossingen uit en kijk wat goed werkt.

Problemen naspelen kan heel leuk zijn en als je het om de beurt doet, zul je merken dat je vrienden of vriendinnen nuttige tips hebben!

Maak een succesplan

Je zoekt vaak een oplossing voor een probleem omdat je wilt **dat iets ophoudt**.

- ➢ Marjan wilde dat het pesten ophield.
- ➢ Michiel wilde niet steeds weer op de vingers getikt worden.
- ➢ Henk wilde ophouden met ruzie maken.

Een andere manier om problemen op te lossen is juist te bedenken wat je wilt dat er wél gebeurt en dan een **succesplan maken**.

Lieke wil gaan logeren

Lieke wilde graag bij haar vriendin blijven slapen, maar ze dacht dat haar moeder dat niet goed zou vinden. Ze hadden vaak ruzie, en Lieke wist dat hier wat aan moest veranderen voordat haar moeder het goed zou vinden dat ze uit logeren ging. Lieke dacht erover na hoe ze dit probleem kon oplossen. Ze wist dat het tijd zou kosten en dat het belangrijkste was dat ze een eind maakte aan de ruzies met haar moeder. De aanleiding voor de meeste ruzies was dat Lieke niet meehielp in huis, dus ze besloot eerst haar kamer maar eens netjes te houden. Verder ging ze helpen met tafeldekken en na het eten met afwassen. Liekes moeder was blij verrast. Ze hadden minder ruzie en na een week vroeg Lieke aan haar moeder of ze bij haar vriendin mocht blijven slapen. Haar moeder vond het goed en zei dat Lieke wel wat meer vrijheid verdiende nu ze zo goed meehielp in huis.

Vertel jezelf wat je moet doen

Je kunt ook leren problemen op te lossen door iemand die er wel goed mee om kan gaan te vragen met jou door te nemen hoe hij of zij dat doet.

> Laat diegene je vertellen hoe hij of zij ermee omgaat.
> Kijk ernaar en let goed op wat hij of zij doet.
> Vertel dan aan jezelf wat je moet doen.

Dit is vooral nuttig voor problemen waar je vaker tegenaan loopt.

Mark weet niet wat hij tegen zijn vrienden moet zeggen

Mark voelde zich erg opgelaten wanneer hij bij zijn vrienden was, omdat hij vaak niets wist om over te praten. Zijn vriend Ruben was erg populair en het leek wel alsof hij altijd wist wat hij moest zeggen. Daarom vroeg Mark hem om hulp. Ruben zei dat hij, zodra hij 's morgens op school kwam, naar zijn vriendenclubje toeliep, hallo zei en praatte over iets dat hij de vorige avond op tv had gezien, zoals een sportwedstrijd of de laatste aflevering van hun lievelingssoap. De volgende dag gingen Mark en Ruben samen naar school en toen ze daar aankwamen vertelde Ruben wat hij ging doen terwijl Mark toekeek. Toen Mark de volgende dag op school kwam, zei hij hardop tegen zichzelf wat hij ging doen. 'Ik loop het schoolplein over, ga naar Max en Erik, zeg hallo en vraag of zij gisteren ook naar onze lievelingssoap hebben gekeken.' Zo deed Mark het en hij merkte tot zijn plezier dat hij al gauw met zijn vrienden stond te kletsen. De volgende dag vertelde hij zichzelf weer wat hij moest doen en na een paar keer merkte Mark dat hij het nu deed zonder erbij na te denken.

> Doe niets overhaast, maar **STOP, DENK NA en DOE**.
> Bedenk **verschillende manieren** waarop je een probleem kunt oplossen.
> Denk na over de **gevolgen** van iedere oplossing.
> **Weeg de voor- en nadelen af** en kies de beste oplossing.
> Vraag aan iemand die ergens wel goed in is, hoe hij of zij het doet. Kijk dan hoe het gaat en doe het ten slotte zelf terwijl je **jezelf vertelt wat je moet doen**.
> Bedenk een manier om jezelf eraan te **herinneren** dat je je plan moet gebruiken.

Verschillende oplossingen bedenken

Wat is mijn probleem?

Maak een lijst van **ALLE** mogelijke manieren waarop je dit probleem kunt oplossen. Het is de bedoeling dat je zoveel mogelijk verschillende oplossingen bedenkt.

1   Om dit probleem op te lossen kan ik:

2   **OF**

3   **OF**

4   **OF**

5   **OF**

6   **OF**

7   **OF**

Verschillende oplossingen bedenken

Het is nuttig om te weten hoe iemand anders dit probleem zou oplossen. Bedenk wie je zou kunnen helpen en vraag hem of haar om ideeën.

Ik heb het gevraagd aan:

Zij kwamen met de volgende oplossingen voor het probleem:

Wat zijn de gevolgen van mijn oplossingen?

Schrijf je probleem op en maak een lijstje van de verschillende oplossingen die je hebt bedacht. Denk na over de positieve en negatieve gevolgen van iedere oplossing en schrijf ze op. Bekijk daarna je lijst nog eens, weeg de voor- en nadelen van de verschillende oplossingen tegen elkaar af en beslis wat de beste oplossing is.

Mijn probleem is:

Mogelijke oplossing   *Positieve gevolgen*   *Negatieve gevolgen*

1

2

3

4

5

6

7

Wanneer ik alles tegen elkaar afweeg, is de beste oplossing voor dit probleem:

Oplossingen zoeken

Mijn probleem

Schrijf of teken je probleem op het papier in het midden en zet alle oplossingen die je kunt bedenken in de sterren eromheen.

Vertel jezelf wat je moet doen

Wanneer je merkt dat je steeds weer tegen hetzelfde probleem aanloopt, is het nuttig iemand te zoeken er wel goed mee kan omgaan. Kijk goed wat hij of zij doet en doe het dan zelf ook zo, terwijl je tegen jezelf zegt wat je moet doen.

Wat is mijn probleem?

Met wie kan ik praten die er wel goed mee kan omgaan?

Hoe gaat hij of zij met dit probleem om?

Wanneer kan diegene me laten zien hoe hij of zij het oplost?

Vertel jezelf wat je moet doen

Wanneer ga ik proberen deze oplossing te gebruiken?

Wat ga ik tegen mezelf zeggen?

Hoe beloon ik mezelf als het goed gaat?

Hoe ging het?

Stop, denk na en doe

Gebruik het stoplicht om te bedenken hoe je met je probleem moet omgaan.

STOP. Wat is het probleem?

DENK NA. Hoe ga je het oplossen?

DOE. Wanneer ga je het uitproberen?

Literatuur

Bandura, A. (1977) *Social learning theory*. Prentice-Hall, Englewood Cliffs, NJ.

Barrett, P.M. (1998) Evaluation of cognitive-behavioural group treatments for childhood anxiety disorders. *Journal of Clinical Child Psychology* 27, 459-68.

Barrett, P.M., Dadds, M.R. & Rapee, R.M. (1996) Family treatment of childhood anxiety: a controlled trial. *Journal of Consulting and Clinical Psychology* 64, 333-42.

Beck, A.T. (1976) *Cognitive therapy and the emotional disorders*. International Universities Press, New York.

Beck, A.T., Emery, G. & Greenberg, R.L. (1985) *Anxiety disorders and phobias: a cognitive perspective*. Basic Books, New York.

Beck, A.T., Rush, A.J., Shaw, B.F. & Emery, G. (1979) *Cognitive therapy of depression*. Guildford Press, New York.

Belsher, G. & Wilkes, T.C.R. (1994) Ten key principles of adolescent cognitive therapy. In: Wilkes, T.C.R., Belsher, G., Rush, A.J. & Frank, E. (red.), *Cognitive therapy for depressed adolescents*. Guildford Press, New York.

Bodiford, C.A., Eisenstadt, R.H., Johnson, J.H. & Bradlyn, A.S. (1988) Comparison of learned helpless cognitions and behaviour in children with high and low scores on the Children's Depression Inventory. *Journal of Clinical Child Psychology* 17, 152-8.

Burns, D.D. (1980) *Feeling good*. New American Library, New York.

Chandler, M.J. (1973) Egocentrism and antisocial behaviour: the assessment and training of social perspective-taking skills. *Developmental Psychology* 9, 326-32.

Cobham, V.E., Dadds, M.R. & Spence, S.H. (1998) The role of parental anxiety in the treatment of childhood anxiety. *Journal of Consulting and Clinical Psychology*, 66, 6, 893–905.

Cohen, J. & Mannarino, A. (1996) A treatment outcome study for sexually abused preschool children: initial findings. *Journal of the American Academy of Child and Adolescent Psychiatry* 35, 42-50.

Cohen, J. & Mannarino, A. (1998) Interventions for sexually abused children: initial treatment outcome findings. *Child Maltreatment* 3, 17-26.

Curry, J.F. & Craighead, W.E. (1990) Attributional style in clinically depressed and conductdisordered adolescents. *Journal of Clinical and Consulting Psychology* 58, 109-16.

Dadds, M.R., Spence, S.H., Holland, D.E., Barrett, P.M. & Laurens, K.R. (1997) Prevention and early intervention for anxiety disorders: a controlled trial. *Journal of Consulting and Clinical Psychology* 65, 627-35.

Deblinger, E., McLeer, S.V. & Henry, D. (1990) Cognitive behavioural treatment for sexually abused children suffering post-traumatic stress disorder: preliminary findings. *Journal of the American Academy of Child and Adolescent Psychiatry* 29, 747-52.

Dodge, K.A. (1985) Attributional bias in aggressive children. In: Kendall, P.C. (red.), *Advances in cognitive-behavioural research and therapy. Volume 4*. Academic Press, New York.

Doherr, E.A., Corner, J.M. & Evans, E. (1999) *Pilot study of young children's abilities to use the concepts central to cognitive behavioural therapy*. Ongepubliceerd. University of East Anglia, Norwich.

Douglas, J. (1998) Therapy for parents of difficult pre-school children. In: Graham, P. (red.), *Cognitive behaviour therapy for children and families*. Cambridge University Press, Cambridge.

Durlak, J.A., Furnham, T. & Lampman, C. (1991) Effectiveness of cognitive-behaviour therapy for maladapting children: a meta-analysis. *Psychological Bulletin* 110, 204-14.

Durlak, J.A., Wells, A.M., Cotton, J.K. & Johnson, S. (1995) Analysis of selected methodological issues in child psychotherapy research. *Journal of Clinical Child Psychology* 24, 141-8.

Ehlers, A. & Clark, D.M. (2000) A cognitive model of post-traumatic stress disorder. *Behaviour Research and Therapy* 38, 319-45.

Ellis, A. (1962) *Reason and emotion in psychotherapy*. Lyle-Stewart, New York.

Fennel, M. (1989) Depression. In: Hawton, K., Salkovskis, P.M., Kirk, J. & Clark, D.M. (red.), *Cognitivebehaviour therapy for psychiatric problems. A practical guide*. Oxford Medical Publications, Oxford.

Fielstein, E., Klein, M.S., Fischer, M., Hanon, C., Koburger, P., Schneider, M.J. & Leitenberg, H. (1985) Self-esteem and causal attributions for success and failure in children. *Cognitive Therapy and Research* 9, 381-98.

Graham, P. (1998) *Cognitive behaviour therapy for children and families*. Cambridge University Press, Cambridge.

Greenberger, D. & Padesky, C. (1999) *Je gevoel de baas*. Swets en Zeitlinger, Lisse.

Harrington, R., Wood, A. & Verduyn, C. (1998) Clinically depressed adolescents. In: Graham, P. (red.), *Cognitive behaviour therapy for children and families*. Cambridge University Press, Cambridge.

Harrington, R., Whittaker, J., Shoebridge, P. & Campbell, F. (1998) Systematic review of efficacy of cognitive behaviour therapies in childhood and adolescent depressive disorder. *British Medical Journal* 316, 1559-63.

Hawton, K., Salkovskis, P.M., Kirk, J. & Clark, D.M. (1989) *Cognitive behaviour therapy for psychiatric problems: a practical guide*. Oxford Medical Publications, Oxford.

Herbert, M. (1998) Adolescent conduct disorders. In: Graham, P. (red.), *Cognitive behaviour therapy for children and families*. Cambridge University Press, Cambridge.

Hobday, A. & Ollier, K. (1998) *Creative therapy: activities with children and adolescents*. British Psychological Society, Leicester.

Hughes, J.N. (1988) *Cognitive behaviour therapy with children in schools*. Pergamon Press, New York.

Jackson, H.J. & King, N.J. (1981) The emotive imagery treatment of a child's trauma-induced phobia. *Journal of Behaviour Therapy and Experimental Psychiatry* 12, 325-8.

Kane, M.T. & Kendall, P.C. (1989) Anxiety disorders in children: a multiple baseline evaluation of a cognitive behavioural treatment. *Behaviour Therapy* 20, 499-508.

Kaplan, C.A., Thompson, A.E. & Searson, S.M. (1995) Cognitive behaviour therapy in children and adolescents. *Archives of Disease in Childhood* 73, 472-5.

Kazdin, A.E. & Weisz, J.R. (1998) Identifying and developing empirically supported child and adolescent treatments. *Journal of Consulting and Clinical Psychology* 66, 19-36.

Kendall, P.C. (1991) Guiding theory for treating children and adolescents. In: Kendall, P.C. (red.), *Child and adolescent therapy: cognitive-behavioural procedures*. Guildford Press, New York.

Kendall, P.C., Kane, M., Howard, B. & Siqueland, L. (1992) *Cognitive-behaviour therapy for anxious children: treatment manual*. Workbook Publishing, Ardmore, PA.

Kendall, P.C. (1993) Cognitive-behavioural therapies with youth: guiding theory, current status and emerging developments. *Journal of Consulting and Clinical Psychology* 61, 235-47.

Kendall, P.C. (1994) Treating anxiety disorders in children: results of a randomised clinical trial. *Journal of Consulting and Clinical Psychology* 62, 100-10.

Kendall, P.C. & Chansky, T.E. (1991) Considering cognition in anxiety-disordered youth. *Journal of Anxiety Disorders* 5, 167-85.

Kendall, P.C. & Hollon, S.D. (red.) (1979) *Cognitive-behavioural interventions: theory, research and procedures*. Academic Press, New York.

Kendall, P.C. & Panichelli-Mindel, S.M. (1995) Cognitive-behavioural treatments. *Journal of Abnormal Child Psychology* 23, 107-24.

Kendall, P.C., Stark, K.D. & Adam, T. (1990) Cognitive deficit or cognitive distortion in childhood depression. *Journal of Abnormal Child Psychology* 18, 255-70.

Kendall, P.C., Flannery-Schroeder, E., Panichelli-Mindel, S.M., Sotham-Gerow, M., Henin, A. & Warman, M. (1997) Therapy with youths with anxiety disorders: a second randomized clinical trial. *Journal of Consulting and Clinical Psychology* 65, 366-80.

Kendall, P.C., Chansky, T.E., Friedaman, M., Kim, R.S., Kortlander, E., Conan, K.R., Sessa, F.M. &

Siqueland, L. (1992) *Anxiety disorders in youth: cognitive behavioural interventions.* Allyn and Bacon, Needham Heights, MA.

King, N.J., Molloy, G.N., Heyme, D., Murphy, G.C. & Ollendick, T. (1998) Emotive imagery treatment for childhood phobias: a credible and empirically validated intervention? *Behavioural and Cognitive Psychotherapy* 26, 103-13.

King, N.J., Tonge, B.J., Heyne, D., Pritchard, M., Rollings, S., Young, D., Myerson, N. & Ollendick, T.H. (1998) Cognitive behavioural treatment of school-refusing children: a controlled evaluation. *Journal of the American Academy of Child and Adolescent Psychiatry* 37, 395-403.

Lazarus, A.A. & Abramovitz, A. (1962) The use of 'emotive imagery' in the treatment of children's phobias. *Journal of Mental Science* 108, 191-5.

Leitenberg, H., Yost, L.W. & Carroll-Wilson, M. (1986) Negative cognitive errors in children: questionnaire development, normative data, and comparisons between children with and without selfreported symptoms of depression, low self-esteem and evaluation anxiety. *Journal of Consulting and Clinical Psychology* 54, 528-36.

Lewinsohn, P.M. & Clarke, G.N. (1999) Psychosocial treatments for adolescent depression. *Clinical Psychology Review* 19, 329-42.

Lochman, J.E., White, K.J. & Wayland, K.K. (1991) Cognitive-behavioural assessment and treatment with aggressive children. In: Kendall, P.C. (red.), *Child and adolescent therapy: cognitive-behavioural procedures.* Guildford Press, New York.

March, J.S. (1995) Cognitive-behavioral psychotherapy for children and adolescents with OCD: a review and recommendations for treatment. *Journal of the American Academy of Child and Adolescent Psychiatry* 34, 7-17.

March, J.S., Mulle, K. & Herbel, B. (1994) Behavioural psychotherapy for children and adolescents with obsessive-compulsive disorder: an open clinical trial of a new protocol-driven treatment package. *Journal of the American Academy of Child and Adolescent Psychiatry* 33, 333-41.

March, J.S., Amaya-Jackson, L., Murray, M.C. & Schulte, A. (1998) Cognitive behavioural psychotherapy for children and adolescents with post-traumatic stress disorder after a single incident stressor. *Journal of the American Academy of Child and Adolescent Psychiatry* 37, 585-93.

Meichenbaum, D.H. (1975) Self-instructional methods. In: Kanfer, F.H. & Goldstein, A.P. (red.), *Helping people change: a textbook of methods.* Pergamon, New York.

Miller, W.R. & Rollnick, S. (1991) *Motivational interviewing.* Plenum Press, New York.

Perry, D.G., Perry, L.C. & Rasmussen, P. (1986) Cognitive social learning mediators of aggression. *Child Development* 57, 700-11.

Rehm, L.P. & Carter, A.S. (1990) Cognitive components of depression. In: Lewis, M. & Miller, S.M. (red.), *Handbook of developmental psychopathology.* Plenum Press, New York.

Ronen, T. (1992) Cognitive therapy with young children. *Child Psychotherapy and Human Development* 23, 19-30.

Ronen, T. (1993) Intervention package for treating encopresis in a 6-year-old boy: a case study.
Behavioural Psychotherapy 21, 127-35.

Ronen, T., Rahav, G. & Wozner, Y. (1995) Self-control and enuresis. *Journal of Cognitive Psychotherapy: an International Quarterly* 9, 249-58.

Rosenstiel, A.K. & Scott, D.S. (1977) Four considerations in using imagery techniques with children. *Journal of Behaviour Therapy and Experimental Psychiatry* 8, 287-90.

Roth, A. & Fonagy, P. (1996) *What works for whom: a critical review of psychotherapy research.* Guildford Press, New York.

Royal College of Psychiatry (1997) *Behavioural and cognitive treatments: guidance for good practice.* Council Report CR68. Royal College of Psychiatry, London.

Salkovskis, P. (1999) Understanding and treating obsessive-compulsive disorder. *Behaviour Research and Therapy* 37, 29-52.

Salmon, K. & Bryant, R. (2002) Posttraumatic stress disorder in children: The influence of developmental factors. *Clinical Psychology Review*, 22, 163–188.

Sanders, M.R., Shepherd, R.W., Cleghorn, G. & Woolford, H. (1994) The treatment of recurrent abdominal pain in children: a controlled comparison of cognitive-behavioural family intervention and standard pediatric care. *Journal of Consulting and Clinical Psychology* 62, 306-14.

Schmidt, N.B., Joiner, T.E., Young, J.E. & Telch, M.J. (1995) The schema questionnaire: investigation of psychometric properties and the hierarchical structure of a measure of maladaptive schemas. *Cognitive Therapy and Research* 19, 295-321.

Schmidt, U. (1998) Eating disorders and obesity. In: Graham, P. (red.), *Cognitive behaviour therapy for children and families*. Cambridge University Press, Cambridge.

Skinner, B.F. (1974) *About behaviorism*. Cape, London.

Silverman, W.K., Kurtines, W.M., Ginsburg, G.S., Weems, C.F., Lumpkin, P.W. & Carmichael, D.H. (1999a) Treating anxiety disorders in children with group cognitive behavioural therapy: a randomized clinical trial. *Journal of Consulting and Clinical Psychology* 67, 995-1003.

Silverman, W.K., Kurtines, W.M., Ginsburg, G.S., Weems, C.F., Rabian, B. & Setafini, L.T. (1999b) Contingency management, self-control and education support in the treatment of childhood phobic disorders: a randomized clinical trial. *Journal of Consulting and Clinical Psychology* 67, 675-87.

Smith, P., Perrin, S. & Yule, W. (1999) Cognitive behaviour therapy for post-traumatic stress disorder. *Child Psychology and Psychiatry Review* 4, 177-82.

Spence, S.H. (1994) Practitioner review. Cognitive therapy with children and adolescents: from theory to practice. *Journal of Child Psychology and Psychiatry* 37, 1191-228.

Spence, S. & Donovan, C. (1998) Interpersonal problems. In: Graham, P. (red.), *Cognitive behaviour therapy for children and families*. Cambridge University Press, Cambridge.

Spence, S., Donovan, C. & Brechman-Toussaint, M. (1999) Social skills, social outcomes and cognitive features of childhood social phobia. *Journal of Abnormal Psychology* 108, 211-21.

Spence, S., Donovan, C. & Brechman-Toussaint, M. (2000) The treatment of childhood social phobia: the effectiveness of a social skills training-based cognitive behavioural intervention with and without parental involvement. *Journal of Child Psychology and Psychiatry* 41, 713-26.

Spivack, G. & Shure, M.B. (1974) *Social adjustment of young children. A cognitive approach to solving real-life problems*. Jossey Bass, London.

Spivack, G., Platt, J.J. & Shure, M.B. (1976) *The problem-solving approach to adjustment*. Jossey Bass, San Francisco, CA.

Sunderland, M. & Engleheart, P. (1993) *Draw on your emotions*. Inslow Press Ltd, Bicester.

Turk, J. (1998) Children with learning difficulties and their parents. In: Graham, P. (red.), *Cognitive behaviour therapy for children and families*. Cambridge University Press, Cambridge.

Toren, P., Wolmer, L., Rosental, B., Eldar, S., Koren, S., Lask, M., Weizman, R. & Laor, N. (2000) Case series: brief parent-child group therapy for childhood anxiety disorders using a manual-based cognitive-behavioural technique. *Journal of the American Academy of Child and Adolescent Psychiatry* 39, 1309-12.

Verduyn, C. (2000) Cognitive behaviour therapy in childhood depression. *Child Psychology and Psychiatry Review* 5, 176-80.

Wallace, S.A., Crown, J.M., Cox, A.D. & Berger, M. (1995) *Epidemiologically based needs assessment: child and adolescent mental health*. Wessex Institute of Public Health, Winchester.

Weisz, J.R., Donenburg, G.R., Han, S.S. & Weiss, B. (1995) Bridging the gap between laboratory and clinic in child and adolescent psychotherapy. *Journal of Consulting and Clinical Psychology* 63, 688-701.

Whitaker, S. (2001) Anger control for people with learning disabilities: a critical review. *Behavioural and Cognitive Psychotherapy* 29, 277-93.

Wolpe, J. (1958) *Psychotherapy by reciprocal inhibition*. Stanford University Press, Stanford, CA.

Young, J. (2000) *Cognitieve therapie voor persoonlijkheidsstoornissen: een schemagerichte benadering*. (vertaald uit het Engels en bewerkt door H. Pijnakker.) Bohn Stafleu van Loghum, Houten.

Young, J. & Brown, P.F. (1996) Cognitive behaviour therapy for anxiety: practical tips for using it with children. *Clinical Psychology Forum* 91, 19-21.

Index

aansturen op een mislukking 48, 92
activiteiten anders plannen 25, 169
activiteitendagboek 54, 176
affectieve educatie 24, 34, 51, 139–43
afleiding zoeken 50, 122
alles-of-niets-denken 37, 48, 90
als ... dan quiz 47, 68
automatische gedachten 16, 30, 46, 61, 71–76

bekrachtiging 14, 25, 54
beoordelingsschalen 19, 37, 48, 107, 154
bewaarkluis voor gevoelens 53, 161
bewijsmateriaal verzamelen 49, 103
brandkast voor piekergedachten 51, 134

cognitieve
    herstructurering 18, 24, 30, 49
    model 16
    tekorten 16-18, 23
    triade 15, 16, 23, 31, 47, 71
    vaardigheden 29–35
    vervormingen 15, 17, 23, 48
cognitieve gedragstherapie
    adolescenten 35–38
    basisingrediënten 21–26
    definitie 13, 27, 57
    effectiviteit 13, 26, 29
    empirische grondslag 14
    kenmerken 18–20
    kortdurend 19, 43
    ontwikkelingsniveau 26, 30, 34
    samenwerking 19
    veelvoorkomende problemen bij 38–43
    voor kinderen tot twaalf jaar 29–35

denkfouten
    opsporen 48, 94
    soorten 48, 89–93
denkwolkjes 32, 47, 80–87
dichotoom denken 37
dingen die ik graag wil doen 54, 180
dingen opblazen 48, 90

dingen waardoor ik me goed voel 54, 178
dingen waardoor ik me naar voel 54, 179
disfunctionele cirkel, 21
doelen stellen 19, 25

emoties. *Zie* gevoelens
evenwichtig denken 49, 99–107, 105

fijne gedachten over mezelf 80
fijne gedachten over mijn toekomst 81
functionele cirkel 21

gecontroleerde ademhaling 52, 157
gedachten
    de baas worden 50–51, 121–37
    en gevoelens 47, 77
    evalueren 22, 23
    gevoelens en wat je doet 46, 57, 65
    onderzoeken 49, 50, 127
    rapporteren 31, 41
    registreren 23, 77–87, 103–6, 114–16
    stoppen 51, 125, 137
    toetsen 18, 49–51
    uitdagen 51, 130
gedachtethermometer 50, 107
gedrag veranderen 166–83
gedragsexperimenten 20, 25, 50, 127
geleide ontdekking 20, 50
geleidelijke blootstelling 14, 25, 53, 171, 181
gevoelde gedachten 48, 91
gevoelens
    en plaatsen 52, 153
    en wat je denkt 52, 142, 144
    en wat je doet 52, 141, 145
    hanteren 24, 52, 155–65
    herkennen 31, 140
    registreren 24, 51, 144–54
gevoelsthermometer 154
gevolgen, nadenken over 22, 55, 188, 196
gezinnen, disfunctionerende 41

helpende gedachten 18, 51, 124, 133

kernovertuigingen 15, 16, 46, 49, 59, 108–20
    opsporen 50, 114
    uitdagen 50, 112, 116
kijk je angst in de ogen 54, 171, 181, 182
klassieke conditionering 14
kleine stapjes 54, 170, 182

leuke dingen doen 168

magische cirkel 46, 57, 66
mijn gevoelens 52, 148
mijn ontspannende bezigheden 53, 165
mijn ontspannende plek 53, 164
mijn schuld 48, 92
mislukking voorspellen 48, 91
modelling 25, 193
motivatie, gebrek aan 39
motiverend vraaggesprek 39

nare gedachten over mezelf 82
negatieve cirkel 46, 63, 67, 73
niets zeggen, kinderen die 38

oefen dat het je lukt 51, 136
onderzoek je gedachten en overtuigingen 129
ontspanningsoefeningen 52, 53, 156–59, 156, 163
operante conditionering 14
oplossingen bedenken 187
oplossingen zoeken 55, 197
ouders, rol in de behandeling 38, 39–41

piekergedachten over wat ik doe 83
poppenkastpoppen 32, 34, 38
positieve zelfspraak 18, 51, 124, 132
pretbedervers 48, 89
probleemoplossende vaardigheden 54, 184–200
psycho-educatie 23, 46

quizzen en puzzels 34, 35, 68, 69, 96, 123, 146–53

rationeel-emotieve therapie 15
responspreventie 53, 172–75
rollenspel 25, 35, 38, 191

samenwerking 19, 36, 40
schema's 15
sociale-leertheorie 14
socratische vragen 37
spelletjes 32
steeds een treetje hoger 54, 177
stop, denk na en doe 55, 200
stoplichtsysteem 54, 186
striptekeningen 32, 33, 84–87
systematische desensitisatie 14, 54

veelvoorkomende overtuigingen 50, 117–20
veronderstellingen 16, 59
verschillende oplossingen bedenken 55, 194
vertel jezelf wat je moet doen 55, 198
visualisatie 50, 51, 52, 126, 135, 136, 158

wat denken ze 48, 84–87
wat gebeurt er wanneer ik me ... voel 52, 149
wat ik denk, wat ik doe of hoe ik me voel 47, 69
wat zijn de gevolgen van mijn oplossingen 55, 196
weg met die gewoontes 54, 172, 183
welk gevoel hoort waar 52, 147
welke denkfouten maak jij 48, 96
woede
    hanteren 38, 159, 190–91
    vulkaan 30, 53, 162
woordzoeker 52, 146

zelfinstructietraining 15, 18, 54, 192, 198–99
zet de cassette uit 51, 135
zoeken naar het positieve 51, 131